절약에서
저축까지,

돈이 모이는
현금 생활

큐큐
캐시
다이어리북

(큐큐 지음)

김영사

프롤로그

"현금으로
생활하니까
정말 아껴지네?"

1년만 빨리 '현금 생활'을 시작했다면, 지금쯤 내 통장에는 얼마가 모여 있을까?

프리랜서이자 아티스트, 1인 크리에이터로 열심히 일해왔지만, 수입이 늘어도 언제나 남는 돈은 제로였다. 매달 밀려드는 카드 값에 끌려다니기 바쁜 나날이었다. 35살 어느 날, 돈을 벌긴 번 것 같은데 모아둔 돈이 하나도 없었다. 한 달 카드 값에 할부가 더해져 400만 원을 초과한 신용카드 고지서를 보고 충격에 휩싸였다.

그런 내가, 현금 생활을 시작하고 두 달 만에 저축액이 3배 증가했다. 이전에도 절약, 저축, 적금, 통장 쪼개기, 짠테크… 수많은 재테커가 제안하는 돈 관리법을 숱하게 시도했지만, 늘 한 달도 채 되지 않아 포기하기 일쑤였고 보복 소비가 더해져 상황은 더 나빠졌다. 실패가 반복될 때마다 '나는 경제관념이 아주 구제불능이구나' 하는 식의 좌절감에 휩싸여 재테크에서 마음이 멀어진 지 오래였다.

그러던 중 우연히 해외에서 유행하는 '캐시스터핑cash stuffing' 영상을 접하게 되었고, 현금 생활에 대해 알게 됐다. 처음에는 돈을 모으겠다는 기대보다는 '재밌어 보이는데 돈도 모인다고? 일단 해볼까?' 하는 아주 가벼운 마음이었다. 지금은 현금 생활에 누구보다 진심이다. 단순한 재미를 넘어 저축액을 늘리는 것 이상으로 나의 현금 흐름을 오감으로 느끼고 있다. 또 재화로만 여겼던 돈에 대한 태도가 완전히 달라졌다. 내 삶

전체가 바뀌었다고 해도 과언이 아니다. 현금 생활의 유익을 100% 누리는 중이다.

그래서 '현금 생활'이란?

단순하게 말하면 신용카드 없이 오직 현금만으로 경제활동을 하는 것이다. 일주일 지출을 미리 계획하고 정해둔 금액 내에서만 소비한다. 매주 주간 정산을 하고 남는 돈은 저축하는 식이다. 요즘 MZ들 사이에서 스멀스멀 퍼지기 시작한 인더톡 새네크 분화로, 돈을 직접 만지고 다이어리에 기록하는 등 아날로그 감성이 더해져 재미로 시작하는 이도 많다.

'짠테크'나 '무지출 챌린지', '거지방' 같은 극단적인 절약 방식과는 다른 본질을 추구한다. 눈에 보이고 실제로 만져지는 현금으로 생활하다 보면, 수입과 지출 목록을 단번에 파악할 수 있고, 이를 바탕으로 매주 예산을 세워 소비하기 때문에 평소 무의식적으로 낭비하던 습관을 자연스럽게 개선할 수 있다. 어렵기만 한 저축 역시 게임처럼 재밌게 할 수 있다는 장점은 덤이다.

무엇보다 일반적인 절약과 다른 현금 생활만의 장점은 개인의 필요와 욕구를 억누르지 않는다는 것이다. 절약하다 지친다거나 보복 소비를 할 확률이 확 줄어든다. 소비하고 싶은 리스트가 생기면 '참기', '사지 않기'로 욕구를 억누르기보다 계획과 예산을 세우고 돈을 모아 구매하기 때문에 단순히 '샀다'가 아니라 목표를 '성취했다'는 개념으로 인식되어 그 소비를 더 알차게 누리게 된다.

돈에 대한 마인드가 바뀌니까 달라진 것들

그동안 '돈을 좋아한다'라고 말하면 왠지 멋없는 사람처럼 보여서 돈에 대한 내면의 생각들을 외면해왔다. 나에게 돈이 필요하면서도 '돈은 중요하지 않아'라고 무시했다. 현금 생활을 하면서 깨달은 점은, 돈을 소중히 여기지 않았기 때문에 돈이 나를 찾아왔어도 금방 떠났다는 사실이다.

지금은 돈을 좋아하는 나를 인정해버렸다. 돈은 정말로 귀하고 소중하다. 그래서 돈을 더 잘 통제하고 관리하고 싶어진다. 올바른 기준을 갖고 돈을 쓸 줄 알면, 돈은 내가 멋진 일을 할 수 있도록 돕는 인생의 좋은 친구가 됨을 배우는 중이다. 돈도 자기를 귀하게 여기는 사람에게 자기 친구들을 데리고 온다고 했다.

이렇듯 내가 현금 생활을 통해 얻은 가장 큰 변화는 돈에 대한 마인드다. 돈을 바라보는 관점이 새롭게 바뀌었다. 현금 생활을 시작했을 뿐인데, 무의식적 소비에서 의식적 소비로, 복잡하고 무질서한 생활에서 단순하고 질서 있는 생활로, 삶과 공간을 대하는 태도가 변해갔다. 그 결과, 삶의 여유까지 되찾아준 현금 생활을 자랑하지 않을 수 없다. 《큐큐 캐시 다이어리북》까지 만들게 된 이유다. 이 좋은 점을 보다 많은 사람에게 알리고 싶다.

《큐큐 캐시 다이어리북》에서는 현금 생활 가이드와 가계부를 집중해서 다뤘다. 현금 생활을 언제든 시작할 수 있도록 12개월 60주 만년 가계부에 3개월 단위 4분기로 구성했다. 현금 생활을 본격적으로 배우고 싶은 분들에게는 클래스101에서 큐큐가 진행하는 '저축이 2배가 되는 똑똑한 현금 챌린지' 강의를 추천한다.

현금 생활이 귀찮고 불편하게 느껴지고, 현금 생활을 지속하는 이유가 전혀 와닿지 않을 수 있지만 '한번 해볼까?' 하는 마음이 조금이라도 들었다면, 《큐큐 캐시 다이어리북》의 안내를 따라 하나씩 실행해보면 좋겠다. 삶이 드라마틱하게 갑자기 바뀌지는 않겠지만, 현금 생활의 유익이 작게나마 소비 습관과 돈에 대한 마인드에 좋은 영향을 줄 거라고 확신한다. 《큐큐 캐시 다이어리북》을 쓰는 이들 모두에게 돈 관리와 삶 전반에 긍정적인 변화가 일어나길 응원하고 기대하겠다.

프롤로그
4

헌금 생활 가이드
8

주간 챌린지 리스트
14

연간 달력
18

월간 평균 예산
20

1Q 캐시 다이어리
23

2Q 캐시 다이어리
97

3Q 캐시 다이어리
171

4Q 캐시 다이어리
245

Q&A
319

현금 생활 가이드

I. 현금 생활 시스템 이해하기

1) 준비물
① 월간 예산 바인더
② 주간 예산 바인더 또는 지갑
③ 저축 바인더
④ 동전 모아두는 통

- 여기서 바인더는 현금을 넣어서 보관할 수 있는 보관함을 말한다. 파일 속지, 편지 봉투, 현금 봉투, 투명 파우치 등 무엇이든 가능하다.

2) 순서
① 월간 예산을 계획하고 항목별로 분류해 바인더에 금액을 넣어둔다.
② 월간 예산을 바탕으로 스케줄을 확인하고 주간 예산을 수립한다.
③ 매일 주간 기록을 작성한다.
④ 주 단위로 정산 및 저축, 피드백을 진행한다.
⑤ 월 단위로 정산 및 저축, 피드백을 진행한다.

II. 3개월간 수입과 지출 내역 기록하기

가장 중요한 작업은 자신의 수입과 지출 내역(현금 흐름)을 파악하는 것이다. 자신이 한 달에 얼마를 벌고, 어디에 얼마를 쓰는지 파악하는 일은, 현금 생활의 첫걸음이다.

1) 최근 3개월간의 고정 수입과 변동 수입(보너스, 야근수당 등)을 기록한다.
2) 3개월간의 수입 내역을 기반으로 월 평균 수입을 파악한다.
3) 3개월간의 지출 내역을 기반으로 고정비, 변동비, 이벤트비로 항목을 분류한다.
   ① 고정비: 매달 고정적으로 나가는 비용.
      예) 월세, 휴대폰 요금, 보험료, 적금 등
   ② 변동비: 매달 다르게 나가는 비용.
      예) 식비, 교통비, 공과금, 생필품, 쇼핑 등
   🌸 개인별 항목에 따라 고정비로 분류할 수 있다.
   ③ 이벤트비: 연간 지출이 예상되는 비용.
      예) 부모님 생신, 경조사, 기념일, 명절 등
4) 각 항목별로 한 달 단위 평균 또는 예상 금액을 '월간 평균 예산'에 작성한다.

III. 월간 예산 세우기

지금부터가 정말 정말 중요하다. 현금 생활의 성패를 가르는 단계라고 할 수 있다. 지난 3개월간의 수입과 지출 내역을 파악했다면 앞으로 돈을 모을 확률은 적어도 70% 이상이다. 나머지 30%의 확률은 다음 단계를 통해 해결할 수 있다.

🌸 월간 예산은 매달 첫 주 또는 마지막 주에 세우면 된다.

1) 고정비, 이벤트비 예산을 세운다.
　① 연간 달력과 월간 평균 예산을 기준으로 이번 달에 나갈 고정비, 이벤트비를 체크한다.
　② 선저축 금액을 적는다. 이참에 소액 적금, 단기 적금을 1~2개 들기를 추천한다. 적금이 부담스럽다면 언제든 뺄 수 있고 매일 이자를 받을 수 있는 파킹 통장을 추천한다.

2) 변동비 예산을 세운다.
　예를 들면 아래와 같다.

식비	점심 10,000원 * 주5 =50,000원 아침, 저녁을 위한 일주일 장보기 =70,000원 일주일 합계 =120,000원 한 달(4주) 합계 =480,000원
커피	일주일 =25,000원 한 달(4주) 합계 =100,000원

　이때 2가지 방식이 있다. ① 여유 있게 짜고 많이 남긴다. ② 타이트하게 짜고 어떻게든 그 안에서 생활한다. 자신의 성향에 맞게 선택하면 된다. 잘 모르겠다면 한 주 한 주 번갈아 가며 자신에게 맞는 방식을 찾아나가면 된다.

　아직 지출이 잘 통제되지 않는다면 가장 적은 예산으로 시작하되, '여윳돈 항목'을 따로 마련할 수 있다. 예를 들어 비상금이나, 나를 위해 쓸 수 있는 소소한 비용들(예: 치킨 비용, 예쁜 쓰레기 비용)을 미리 정해두면 좋다. 예산도 적게 설정했는데, 나를 위한 예산이 하나도 없을 경우 금방 지치거나 보복 소비로 이어질 수 있으니 자신에게 더 잘 맞는 방식으로 이어나가자.

3) 현금을 각각 바인더에 분류해준다.
　항목별로 세운 월간 예산을 바인더에 넣어준다. 항목은 세부적으로 작게 쪼갤 수 있고, 포괄적으로 크게 묶어서 나눌 수도 있다. 각자 편한 방법으로 진행하면 된다.

IV. 주간 예산 세우기

월간 예산에서 주간 예산도 함께 정해지기 때문에 주간 예산은 금방 세울 수 있다. 주간 예산을 세울 때 챌린지를 같이 하면 저축 확률이 높아진다. 예를 들어 주중에 하루 정도 무지출 챌린지에 도전한다거나, 점심에 외식하지 않고 2번 정도 도시락을 싼다거나, 매일 꼭 한 잔씩 사 먹던 커피를 일주일에 3잔으로 줄여본다거나 예산보다 지출을 줄이는 나만의 챌린지를 진행할 수 있다. 무리한 챌린지보다는 실현 가능한 범위로 하면 된다. 이렇게 일주일을 살고, 남은 돈이 생기면 계좌 또는 바인더에 각 항목별로 기준을 정해 저축한다.

정리하면 ① 주간 예산 세우기(선저축은 선택), ② 예산에 따라 지출하기, ③ 남은 금액은 저축하기 순이다. 이렇게 예산에 따라 지출하고, 여기서 일주일마다 사용 내역을《큐큐 캐시 다이어리북》에 작성해 한 주를 되돌아보는 시간을 갖는다. 잘한 점, 아쉬운 점, 다시 시도할 점, 지속할 점 등에 대해 솔직하게 작성하고, 다음 주 예산을 세울 때 반영하고 동기부여의 수단으로 삼는다.

첫 주에 실패해도 괜찮다. 나 역시 예산보다 지출이 많은 날이 있었지만, '이번 주 실패했네. 그만해야지'가 아니라 매일 더 좋은 방향으로 나아가고 있다고 스스로를 칭찬해줬다. 그러니 현금 생활을 하며 돈을 잘 관리하려고 애쓰는 자신을 열심히 격려해주길 바란다.

V. 저축 계획 세우기

저축은 바인더 저축과 금융 상품(적금, 예금 등) 저축으로 나뉜다. 바인더에 소액을 저축하고 일정 금액이 모이면 자유 적금이나 파킹 통장 등으로 (이자를 조금이라도 더 받기 위해) 이동한다.

바인더 저축은 크게 목적 바인더와 무목적 바인더가 있다. 먼저, 바인더 저축 기간은 1~3개월 내지 짧은 기간으로, 기간 내에 저축 가능한 액수나 소액으로 설정하는 방향이 현금 생활의 성취감을 돋우고 이를 지속하는 데 도움이 된다.

1) 목적 바인더

내 집 마련, 사업 자금, 품위 유지, 투자 시드 머니 등과 같은 각자의 목적을 설정해 저축한다. 예를 들면 아래와 같다.

목적 신상 겨울 코트 구매(품위 유지)

① 상품을 미리 염두에 두고 목표 금액을 정한다.

② 목적 바인더 저축을 위한 세부적인 계획을 세운다.
- 신상 겨울 코트 예상 금액: 30만 원
- 저축 기간: 3개월
- 최소 한 달(4주) 저축 금액: 10만 원

③ 돈을 모으기 위한 현실적인 계획을 세우고 실현한다.
- [1개월] 주간 예산에 책정된 커피비 25,000원을 쓰지 않고 4주간 저축한다.
  = 25,000원 * 4주 = 100,000원
- [2개월] 일주일에 도시락을 3번 싸고 점심비 30,000원을 아껴 4주간 저축한다.
  = 30,000원 * 4주 = 120,000원
- [3개월] 나머지 목표 금액 80,000원은 월 예산에서 선저축한다.

30만 원을 모으는 데 실패할 수 있다. 하지만 예전 같으면 신용카드로 선결제했을 것이다. 금액을 3개월간 목적을 갖고 저축하면 반 이상은 충분히 모을 수 있을 테니 여러모로 돈을 잘 관리한 셈이다.

2) 무목적 바인더

비상금, 즉 예비비를 모으는 데 목적이 있다. 챌린지를 병행하면 좋다. 예를 들어 현금 생활 일주일을 정산하고 나서 지폐가 애매하게 남은 경우에 '1,000원 50장 모으기' 챌린지를 시작해 50,000원을 모아보는 것이다. 이 외에도 각자만의 방법으로 게임하듯 재미있게 저축할 수 있다.

주간 챌린지 리스트

매주 다양한 챌린지를
1~2개 선택해 진행한다.
(자신만의 챌린지를 만들어
창의적으로 진행해도 좋다)

I. 절약 챌린지

작은 단위부터, 1회부터 가볍게 시작한다. 100원을 잘 아끼면 200원, 500원, 1,000원, 10,000원… 아끼는 일이 점점 쉽고 재밌어진다. 일주일 무지출, 짠테크와 같은 극단적인 방식으로 '나는 돈이 없어서 아껴야 해'라고 생각하기보다 '난 부자가 되는 과정에 있고, 지금도 여유 있지만, 이건 하나의 게임이야'라는 마인드 셋을 갖자. 먼저 현명하게 예산을 세우고 집행하며 돈을 모으는 재미를 경험해보자. 재밌으면 하지 말라고 해도 하게 된다.

① 무지출 n일 / 주 n일만 지출 없이 생활하기.
② 카페 금지 n회 / 주 n번은 카페에 가지 않기.
③ 간식 금지 n회 / 주 n회 디저트비 아끼기.
④ 점심 도시락 n회 / 점심 외식비 저축하기.
⑤ 고정비 절감 / 월간 고정비 중 하나를 택해 절약 방안 찾아보기.
⑥ 공과금 절감 / 수도세, 전기세, 난방비 등 비용 줄여보기.
⑦ 낭비 비용 개선 / 예를 들어 무료 배달을 이유로 과소비하지 않기.
⑧ 주간 예산 10% 선저축.
⑨ 일일 예산 10% 선저축.

Ⅱ. 정리 챌린지

당신의 소유물은 머니 머신인가, 머니 테이커인가. 나만의 정리 기준을 세워 물건을 정리해보자. 내가 가진 물건이 나의 생활을 이롭게 하고 수입을 가져다주는 데 도움이 된다거나 매일 잘 사용하고 있다면, 머니 머신이다. 반대로 쓰임이 없다면, 머니 테이커다. 주변을 살펴보자. 1년간 다 쓰지 못할 정도로 많은 양의 물건을, 1년간 한 번도 입지 않은 옷들을 혹시 쌓아두고 있지는 않은지 말이다. 물건은 보관할수록 가치가 떨어진다. 자주 사용하지 않는 물건은 유용하지 않다는 증거다. 정리할 물건, 소유할 물건에 대한 기준을 세워 정리를 시작해보자.

① 물건 정리 / 1년 이상 쓰지 않은 물건 처분하기.
② 옷 정리 / 1년 동안 한 번도 입지 않은 옷 정리하기.
③ 디지털 디톡스 / 구독 중인 서비스 한 달간 중지하고 구독료 저축하기.
④ 동전 정리 / 집 안에 굴러다니는 동전들 한데 모으기.
⑤ 냉장고 정리 / 냉장고 안 식재료로 요리해 먹기.
⑥ 신발장 정리 / 잘 신지 않는 신발 처분하기.
⑦ 중복된 물건 정리 / 먼저 쓰기, 처분하기 등 빠른 시일 내에 정리하기.
⑧ 공간 정리 / 물건 정리 확장판으로 공간에도 비용이 있다는 사실 기억하기.

Ⅲ. 게으름 정복 챌린지

게으른 사람은 부자가 되지 못한다고 한다. 내가 게을러서 빠져나가는 비용인지 아닌지 스스로 판단해보자. 게으름(귀찮음) 비용이 나의 수입과 대비해 많이 나가고 있다면 오늘부터 과감히 게으름을 이겨내자. 부지런히 움직이면 모든 비용을 절약할 수 있다.

① 텀블러 휴대 / 텀블러 할인을 받거나, 음료를 직접 제조해 텀블러에 담아 다니면서 음료비 가능한 한 줄이기.
② 장바구니 휴대 / 마트, 편의점 이용 시 봉투비 100원 절약하기.
③ 배달비 0원 지출 / 배달 음식 주문 시 직접 픽업하기.
④ 택배비 3,000원 무지출 / 구매 가능할 경우 오프라인에서 직접 구매하기.

⑤ 먹었다 치기 / 먹고 싶은 음식 먹었다 치고 저축하기.
⑥ 샀다 치기 / 구매 예정인 물건 샀다 치고 저축하기.
⑦ 1+1, 2+1, 대량 구매 금지 / 필요한 양(개수)만 사기.
⑧ 대중교통 이용 / 자차 및 택시 이용 줄이고 대중교통 애용하기.
⑨ 걷기 포인트 적립 / 앱 테크를 활용해 포인트 쌓기.
⑩ 필요한 물건 예산보다 저렴하게 살 수 있는 방법 모색하기.

IV. 끌어당김 챌린지

수입의 흐름을 만드는 챌린지를 소개한다. 돈을 벌 수 있다는 것은 감사한 일이다. 먼저 감사하자. 10원을 소중히 여기면, 10원이 자신의 친구들에게 소문을 내어 하나둘 끌고 올 것이다. 한 푼 두 푼 모아 돈을 끌어당기는 힘의 무게를 늘리자. 여러분 안에 돈을 벌 능력이 이미 있다. 내 안에 있는, 내가 가진 것들을 살펴보고 작은 추가 수익부터 창출해보자.

① 소액 적금 들기.
② 파킹 통장 활용하기.
③ 앱 테크 도전하기.
④ 10,000원 선저축하기.
⑤ 자기 분야에서 추가 수익 만들기. (예: 야근, 특근, 인센티브 등)
⑥ 부수입 루트 찾기.
⑦ 하루 단기 알바하기.
⑧ 콘텐츠 생성 / 유튜브, 인스타그램, 블로그에서 미래의 잠재 고객 모으기.
⑨ 1,000원 이상 투자 / 좋은 땅에 씨를 뿌리고 열매 맺는 상상을 하면서 주간 예산 중 일부를 원하는 곳(물건, 사람, 시간, 문화, 주식 등)에 투자하기.
⑩ 재테크 분야 책 찾아 읽기.
⑪ 나의 절약을 타인의 행복으로 / 가족, 지인, 기부 등 좋은 곳에 흘려보내기.

Yearly calendar

	1 JAN	2 FEB	3 MAR	4 APR	5 MAY	6 JUN
1						
2						
3						
4						
5						
6						
7						
8						
9						
10						
11						
12						
13						
14						
15						
16						
17						
18						
19						
20						
21						
22						
23						
24						
25						
26						
27						
28						
29						
30						
31						

	7 JUL	8 AUG	9 SEP	10 OCT	11 NOV	12 DEC
1						
2						
3						
4						
5						
6						
7						
8						
9						
10						
11						
12						
13						
14						
15						
16						
17						
18						
19						
20						
21						
22						
23						
24						
25						
26						
27						
28						
29						
30						
31						

Yearly calendar

월간 평균 예산 1

Monthly average budget

고정비	변동비	이벤트비
		합계
		총 합계
		저축 계획
합계	합계	

월간 평균 예산 2

고정비	변동비	이벤트비
		합계
		총 합계
		저축 계획
합계	합계	

Monthly average budget

10

월간 달력　　　　　　　　　　　1 2 3 4 5 6 7 8 9 10 11 12

SUN	MON	TUE	WED	THU	FRI	SAT

Monthly calendar

월간 예산

고정비	변동비	이벤트비
		합계
		총 합계
		저축 계획
합계	합계	

Monthly budget

THE SAFEST WAY
TO DOUBLE
YOUR MONEY IS TO
FOLD IT OVER AND
PUT IT
IN YOUR POCKET.

Kin Hubbard

돈을 2배로 불리는 가장 안전한 방법은 돈을 반으로 접어 주머니에 넣는 것이다.

주간 기록

1 2 3 4 5

수입	예산
현금	총 예산
계좌	현금
	카드
합계	계좌
	챌린지

Weekly budget

Weekly expense

	/ MON	/ TUE	/ WED
현금	현금	현금
+ 카드	+ 카드	+ 카드
= 합계	= 합계	= 합계
- 오늘 예산	- 오늘 예산	- 오늘 예산
= 잔액	= 잔액	= 잔액
챌린지	챌린지	챌린지

/　　THU	/　　FRI	/　　SAT
현금	현금	현금
+ 카드	+ 카드	+ 카드
= 합계	= 합계	= 합계
- 오늘 예산	- 오늘 예산	- 오늘 예산
= 잔액	= 잔액	= 잔액
챌린지	챌린지	챌린지

Weekly expense

Weekly settlement

/ SUN	정산	
	현금 지출	
	+ 카드 지출	
	= 지출 총 합계	
	- 주간 예산	
	= 잔액	
	저축	
	바인더	
	계좌	
	피드백	
현금	챌린지 성과	
+ 카드		
= 합계	잘한 점	
- 오늘 예산		
= 잔액	아쉬운 점	
챌린지		
	개선할 점	

주간 기록		1 2 3 4 5
수입	예산	
현금	총 예산	Weekly budget
계좌	현금	
	카드	
합계	계좌	
	챌린지	

Weekly expense

	/ MON	/ TUE	/ WED
현금			
+ 카드			
= 합계			
- 오늘 예산			
= 잔액			
챌린지			

/ THU	/ FRI	/ SAT
현금	현금	현금
+ 카드	+ 카드	+ 카드
= 합계	= 합계	= 합계
- 오늘 예산	- 오늘 예산	- 오늘 예산
= 잔액	= 잔액	= 잔액
챌린지	챌린지	챌린지

Weekly expense

Weekly settlement

/ SUN	정산	
	현금 지출	
	+ 카드 지출	
	= 지출 총 합계	
	- 주간 예산	
	= 잔액	
	저축	
	바인더	
	계좌	
	피드백	
현금	챌린지 성과	
+ 카드		
= 합계	잘한 점	
- 오늘 예산		
= 잔액	아쉬운 점	
챌린지		
	개선할 점	

34

주간 기록   1 2 3 4 5

수입	예산
현금	총 예산
계좌	현금
	카드
합계	계좌
	챌린지

Weekly budget

Weekly expense

/ MON	/ TUE	/ WED
현금	현금	현금
+ 카드	+ 카드	+ 카드
= 합계	= 합계	= 합계
- 오늘 예산	- 오늘 예산	- 오늘 예산
= 잔액	= 잔액	= 잔액
챌린지	챌린지	챌린지

/ THU	/ FRI	/ SAT
현금	현금	현금
+ 카드	+ 카드	+ 카드
= 합계	= 합계	= 합계
- 오늘 예산	- 오늘 예산	- 오늘 예산
= 잔액	= 잔액	= 잔액
챌린지	챌린지	챌린지

Weekly expense

Weekly settlement

/ SUN	정산	
	현금 지출	
	+ 카드 지출	
	= 지출 총 합계	
	- 주간 예산	
	= 잔액	
	저축	
	바인더	
	계좌	
	피드백	
현금	챌린지 성과	
+ 카드		
= 합계	잘한 점	
- 오늘 예산		
= 잔액	아쉬운 점	
챌린지		
	개선할 점	

주간 기록

1 2 3 4 5

수입	예산
현금	총 예산
계좌	현금
	카드
합계	계좌
	챌린지

Weekly budget

Weekly expense

/ MON	/ TUE	/ WED
현금	현금	현금
+ 카드	+ 카드	+ 카드
= 합계	= 합계	= 합계
- 오늘 예산	- 오늘 예산	- 오늘 예산
= 잔액	= 잔액	= 잔액
챌린지	챌린지	챌린지

/ THU	/ FRI	/ SAT
현금	현금	현금
+ 카드	+ 카드	+ 카드
= 합계	= 합계	= 합계
- 오늘 예산	- 오늘 예산	- 오늘 예산
= 잔액	= 잔액	= 잔액
챌린지	챌린지	챌린지

Weekly expense

Weekly settlement

/ SUN	정산	
	현금 지출	
	+ 카드 지출	
	= 지출 총 합계	
	- 주간 예산	
	= 잔액	
	저축	
	바인더	
	계좌	
	피드백	
현금	챌린지 성과	
+ 카드		
= 합계	잘한 점	
- 오늘 예산		
= 잔액	아쉬운 점	
챌린지		
	개선할 점	

42

주간 기록

1　2　3　4　5

수입	예산
현금	총 예산
계좌	현금
	카드
합계	계좌
	챌린지

Weekly budget

Weekly expense

/ MON	/ TUE	/ WED
현금	현금	현금
+ 카드	+ 카드	+ 카드
= 합계	= 합계	= 합계
- 오늘 예산	- 오늘 예산	- 오늘 예산
= 잔액	= 잔액	= 잔액
챌린지	챌린지	챌린지

/ THU	/ FRI	/ SAT
현금	현금	현금
+ 카드	+ 카드	+ 카드
= 합계	= 합계	= 합계
- 오늘 예산	- 오늘 예산	- 오늘 예산
= 잔액	= 잔액	= 잔액
챌린지	챌린지	챌린지

Weekly expense

Weekly settlement

/ SUN	정산	
	현금 지출	
	+ 카드 지출	
	= 지출 총 합계	
	- 주간 예산	
	= 잔액	
	저축	
	바인더	
	계좌	
	피드백	
현금	챌린지 성과	
+ 카드		
= 합계	잘한 점	
- 오늘 예산		
= 잔액	아쉬운 점	
챌린지		
	개선할 점	

월간 정산

	예산	지출 총액	잔액	수입
1주				
2주				
3주				
4주				
5주				
합계				

저축

바인더	
계좌	
합계	

피드백

챌린지 성과

잘한 점

아쉬운 점

개선할 점

월간 달력　　　　　　　　　　　　　1 2 3 4 5 6 7 8 9 10 11 12

Monthly calendar

SUN	MON	TUE	WED	THU	FRI	SAT

월간 예산

고정비	변동비	이벤트비
		합계
		총 합계
		저축 계획
합계	합계	

Monthly budget

A PENNY SAVED IS A PENNY EARNED.
Benjamin Franklin

한 푼 아낀 것은 한 푼 번 것이나 마찬가지다.

주간 기록

1 2 3 4 5

수입		예산
현금		총 예산
계좌		현금
		카드
합계		계좌
		챌린지

Weekly budget

Weekly expense

/ MON	/ TUE	/ WED
현금	현금	현금
+ 카드	+ 카드	+ 카드
= 합계	= 합계	= 합계
- 오늘 예산	- 오늘 예산	- 오늘 예산
= 잔액	= 잔액	= 잔액
챌린지	챌린지	챌린지

/ THU	/ FRI	/ SAT
현금	현금	현금
+ 카드	+ 카드	+ 카드
= 합계	= 합계	= 합계
- 오늘 예산	- 오늘 예산	- 오늘 예산
= 잔액	= 잔액	= 잔액
챌린지	챌린지	챌린지

Weekly expense

Weekly settlement

/ SUN	정산	
	현금 지출	
	+ 카드 지출	
	= 지출 총 합계	
	- 주간 예산	
	= 잔액	
	저축	
	바인더	
	계좌	
	피드백	
현금	챌린지 성과	
+ 카드		
= 합계	잘한 점	
- 오늘 예산		
= 잔액	아쉬운 점	
챌린지		
	개선할 점	

주간 기록

1 2 3 4 5

수입	예산
현금	총 예산
계좌	현금
	카드
합계	계좌
	챌린지

Weekly budget

Weekly expense

/ MON	/ TUE	/ WED
현금	현금	현금
+ 카드	+ 카드	+ 카드
= 합계	= 합계	= 합계
- 오늘 예산	- 오늘 예산	- 오늘 예산
= 잔액	= 잔액	= 잔액
챌린지	챌린지	챌린지

/ THU	/ FRI	/ SAT

현금 | 현금 | 현금

+ 카드 | + 카드 | + 카드

= 합계 | = 합계 | = 합계

- 오늘 예산 | - 오늘 예산 | - 오늘 예산

= 잔액 | = 잔액 | = 잔액

챌린지 | 챌린지 | 챌린지

Weekly expense

Weekly settlement

/ SUN	정산	
	현금 지출	
	+ 카드 지출	
	= 지출 총 합계	
	- 주간 예산	
	= 잔액	
	저축	
	바인더	
	계좌	
	피드백	
현금	챌린지 성과	
+ 카드		
= 합계	잘한 점	
- 오늘 예산	아쉬운 점	
= 잔액		
챌린지	개선할 점	

주간 기록

1 2 3 4 5

수입	예산
현금	총 예산
계좌	현금
	카드
합계	계좌
	챌린지

Weekly budget

Weekly expense

/ MON	/ TUE	/ WED
현금	현금	현금
+ 카드	+ 카드	+ 카드
= 합계	= 합계	= 합계
- 오늘 예산	- 오늘 예산	- 오늘 예산
= 잔액	= 잔액	= 잔액
챌린지	챌린지	챌린지

/ THU	/ FRI	/ SAT
현금	현금	현금
+ 카드	+ 카드	+ 카드
= 합계	= 합계	= 합계
- 오늘 예산	- 오늘 예산	- 오늘 예산
= 잔액	= 잔액	= 잔액
챌린지	챌린지	챌린지

Weekly expense

Weekly settlement

/ SUN	정산
	현금 지출
	+ 카드 지출
	= 지출 총 합계
	- 주간 예산
	= 잔액
	저축
	바인더
	계좌
	피드백
현금	챌린지 성과
+ 카드	
= 합계	잘한 점
- 오늘 예산	
= 잔액	아쉬운 점
챌린지	
	개선할 점

주간 기록

1 2 3 4 5

수입	예산
현금	총 예산
계좌	현금
	카드
합계	계좌
	챌린지

Weekly budget

Weekly expense

/ MON	/ TUE	/ WED
현금	현금	현금
+ 카드	+ 카드	+ 카드
= 합계	= 합계	= 합계
- 오늘 예산	- 오늘 예산	- 오늘 예산
= 잔액	= 잔액	= 잔액
챌린지	챌린지	챌린지

/ THU	/ FRI	/ SAT
현금	현금	현금
+ 카드	+ 카드	+ 카드
= 합계	= 합계	= 합계
- 오늘 예산	- 오늘 예산	- 오늘 예산
= 잔액	= 잔액	= 잔액
챌린지	챌린지	챌린지

Weekly expense

Weekly settlement

/ SUN	정산	
	현금 지출	
	+ 카드 지출	
	= 지출 총 합계	
	- 주간 예산	
	= 잔액	
	저축	
	바인더	
	계좌	
	피드백	
현금	챌린지 성과	
+ 카드		
= 합계	잘한 점	
- 오늘 예산		
= 잔액	아쉬운 점	
챌린지		
	개선할 점	

주간 기록

1　2　3　4　5

수입	예산
현금	총 예산
계좌	현금
	카드
합계	계좌
	챌린지

Weekly budget

Weekly expense

/ MON	/ TUE	/ WED
현금	현금	현금
+ 카드	+ 카드	+ 카드
= 합계	= 합계	= 합계
- 오늘 예산	- 오늘 예산	- 오늘 예산
= 잔액	= 잔액	= 잔액
챌린지	챌린지	챌린지

/ THU	/ FRI	/ SAT
현금	현금	현금
+ 카드	+ 카드	+ 카드
= 합계	= 합계	= 합계
- 오늘 예산	- 오늘 예산	- 오늘 예산
= 잔액	= 잔액	= 잔액
챌린지	챌린지	챌린지

Weekly expense

Weekly settlement

/ SUN	정산	
	현금 지출	
	+ 카드 지출	
	= 지출 총 합계	
	- 주간 예산	
	= 잔액	
	저축	
	바인더	
	계좌	
	피드백	
현금	챌린지 성과	
+ 카드		
= 합계	잘한 점	
- 오늘 예산		
= 잔액	아쉬운 점	
챌린지		
	개선할 점	

월간 정산

	예산	지출 총액	잔액	수입
1주				
2주				
3주				
4주				
5주				
합계				

저축

바인더		
계좌		
합계		

피드백

챌린지 성과
잘한 점
아쉬운 점
개선할 점

월간 달력

1 2 3 4 5 6 7 8 9 10 11 12

SUN	MON	TUE	WED	THU	FRI	SAT

Monthly calendar

월간 예산

고정비	변동비	이벤트비
		합계
		총 합계
		저축 계획
합계	합계	

Monthly budget

FRUGALITY
WITHOUT
CREATIVITY
IS DEPRIVATION.

Amy Dacyczyn

창의성 없는 검소함은 박탈감만 줄 뿐이다.

주간 기록

1 2 3 4 5

수입	예산
현금	총 예산
계좌	현금
	카드
합계	계좌
	챌린지

Weekly budget

75

Weekly expense

/ MON	/ TUE	/ WED
현금	현금	현금
+ 카드	+ 카드	+ 카드
= 합계	= 합계	= 합계
- 오늘 예산	- 오늘 예산	- 오늘 예산
= 잔액	= 잔액	= 잔액
챌린지	챌린지	챌린지

/ THU	/ FRI	/ SAT
현금	현금	현금
+ 카드	+ 카드	+ 카드
= 합계	= 합계	= 합계
- 오늘 예산	- 오늘 예산	- 오늘 예산
= 잔액	= 잔액	= 잔액
챌린지	챌린지	챌린지

Weekly expense

Weekly settlement

/ SUN	정산	
	현금 지출	
	+ 카드 지출	
	= 지출 총 합계	
	- 주간 예산	
	= 잔액	
	저축	
	바인더	
	계좌	
	피드백	
현금	챌린지 성과	
+ 카드		
= 합계	잘한 점	
- 오늘 예산		
= 잔액	아쉬운 점	
챌린지		
	개선할 점	

주간 기록

1 2 3 4 5

수입	예산
현금	총 예산
계좌	현금
	카드
합계	계좌
	챌린지

Weekly budget

Weekly expense

/ MON	/ TUE	/ WED
현금	현금	현금
+ 카드	+ 카드	+ 카드
= 합계	= 합계	= 합계
- 오늘 예산	- 오늘 예산	- 오늘 예산
= 잔액	= 잔액	= 잔액
챌린지	챌린지	챌린지

/ THU	/ FRI	/ SAT
현금	현금	현금
+ 카드	+ 카드	+ 카드
= 합계	= 합계	= 합계
- 오늘 예산	- 오늘 예산	- 오늘 예산
= 잔액	= 잔액	= 잔액
챌린지	챌린지	챌린지

Weekly expense

Weekly settlement

/ SUN	정산	
	현금 지출	
	+ 카드 지출	
	= 지출 총 합계	
	- 주간 예산	
	= 잔액	
	저축	
	바인더	
	계좌	
	피드백	
현금	챌린지 성과	
+ 카드		
= 합계	잘한 점	
- 오늘 예산		
= 잔액	아쉬운 점	
챌린지		
	개선할 점	

주간 기록

1 2 3 4 5

수입	예산
현금	총 예산
계좌	현금
	카드
합계	계좌
	챌린지

Weekly budget

Weekly expense

	/ MON	/ TUE	/ WED
현금	현금	현금
+ 카드	+ 카드	+ 카드
= 합계	= 합계	= 합계
- 오늘 예산	- 오늘 예산	- 오늘 예산
= 잔액	= 잔액	= 잔액
챌린지	챌린지	챌린지

/ THU	/ FRI	/ SAT
현금	현금	현금
+ 카드	+ 카드	+ 카드
= 합계	= 합계	= 합계
- 오늘 예산	- 오늘 예산	- 오늘 예산
= 잔액	= 잔액	= 잔액
챌린지	챌린지	챌린지

Weekly expense

Weekly settlement

/ SUN	정산	
	현금 지출	
	+ 카드 지출	
	= 지출 총 합계	
	- 주간 예산	
	= 잔액	
	저축	
	바인더	
	계좌	
	피드백	
현금	챌린지 성과	
+ 카드		
= 합계	잘한 점	
- 오늘 예산		
= 잔액	아쉬운 점	
챌린지		
	개선할 점	

주간 기록

1　2　3　4　5

수입	예산
현금	총 예산
계좌	현금
	카드
합계	계좌
	챌린지

Weekly budget

Weekly expense

/ MON	/ TUE	/ WED
현금	현금	현금
+ 카드	+ 카드	+ 카드
= 합계	= 합계	= 합계
- 오늘 예산	- 오늘 예산	- 오늘 예산
= 잔액	= 잔액	= 잔액
챌린지	챌린지	챌린지

/ THU	/ FRI	/ SAT

Weekly expense

현금	현금	현금
+ 카드	+ 카드	+ 카드
= 합계	= 합계	= 합계
- 오늘 예산	- 오늘 예산	- 오늘 예산
= 잔액	= 잔액	= 잔액
챌린지	챌린지	챌린지

Weekly settlement

/ SUN	정산
	현금 지출
	+ 카드 지출
	= 지출 총 합계
	- 주간 예산
	= 잔액
	저축
	바인더
	계좌
	피드백
현금	챌린지 성과
+ 카드	
= 합계	잘한 점
- 오늘 예산	
= 잔액	아쉬운 점
챌린지	
	개선할 점

주간 기록		1 2 3 4 5
수입	예산	
현금	총 예산	
계좌	현금	
	카드	
합계	계좌	
	챌린지	

Weekly budget

Weekly expense	/ MON	/ TUE	/ WED
	현금	현금	현금
	+ 카드	+ 카드	+ 카드
	= 합계	= 합계	= 합계
	- 오늘 예산	- 오늘 예산	- 오늘 예산
	= 잔액	= 잔액	= 잔액
	챌린지	챌린지	챌린지

/ THU	/ FRI	/ SAT

Weekly expense

현금	현금	현금
+ 카드	+ 카드	+ 카드
= 합계	= 합계	= 합계
- 오늘 예산	- 오늘 예산	- 오늘 예산
= 잔액	= 잔액	= 잔액
챌린지	챌린지	챌린지

Weekly settlement

/ SUN	정산	
	현금 지출	
	+ 카드 지출	
	= 지출 총 합계	
	- 주간 예산	
	= 잔액	
	저축	
	바인더	
	계좌	
	피드백	
현금	챌린지 성과	
+ 카드		
= 합계	잘한 점	
- 오늘 예산		
= 잔액	아쉬운 점	
챌린지		
	개선할 점	

월간 정산

	예산	지출 총액	잔액	수입
1주				
2주				
3주				
4주				
5주				
합계				

저축

바인더			
계좌			
합계			

피드백

챌린지 성과
잘한 점
아쉬운 점
개선할 점

Monthly settlement

20

월간 달력

1 2 3 4 5 6 7 8 9 10 11 12

SUN	MON	TUE	WED	THU	FRI	SAT

Monthly calendar

월간 예산

고정비	변동비	이벤트비
		합계
		총 합계
		저축 계획
합계	합계	

Monthly budget

POSSESSION IS ELEVEN POINTS IN THE LAW.

Colley Cibber

실제 소유하고 있는 것이 중요하다.

주간 기록

1 2 3 4 5

수입	예산
현금	총 예산
계좌	현금
	카드
합계	계좌
	챌린지

Weekly budget

Weekly expense

/ MON	/ TUE	/ WED
현금	현금	현금
+ 카드	+ 카드	+ 카드
= 합계	= 합계	= 합계
- 오늘 예산	- 오늘 예산	- 오늘 예산
= 잔액	= 잔액	= 잔액
챌린지	챌린지	챌린지

/ THU	/ FRI	/ SAT
현금	현금	현금
+ 카드	+ 카드	+ 카드
= 합계	= 합계	= 합계
- 오늘 예산	- 오늘 예산	- 오늘 예산
= 잔액	= 잔액	= 잔액
챌린지	챌린지	챌린지

Weekly expense

Weekly settlement

/ SUN	정산
	현금 지출
	+ 카드 지출
	= 지출 총 합계
	- 주간 예산
	= 잔액
	저축
	바인더
	계좌
	피드백
현금	챌린지 성과
+ 카드	
= 합계	잘한 점
- 오늘 예산	
= 잔액	아쉬운 점
챌린지	
	개선할 점

주간 기록   1 2 3 4 5

수입	예산
현금	총 예산
계좌	현금
	카드
합계	계좌
	챌린지

Weekly budget

Weekly expense

/ MON	/ TUE	/ WED
현금	현금	현금
+ 카드	+ 카드	+ 카드
= 합계	= 합계	= 합계
- 오늘 예산	- 오늘 예산	- 오늘 예산
= 잔액	= 잔액	= 잔액
챌린지	챌린지	챌린지

/ THU	/ FRI	/ SAT
현금	현금	현금
+ 카드	+ 카드	+ 카드
= 합계	= 합계	= 합계
- 오늘 예산	- 오늘 예산	- 오늘 예산
= 잔액	= 잔액	= 잔액
챌린지	챌린지	챌린지

Weekly expense

Weekly settlement

/ SUN	정산	
	현금 지출	
	+ 카드 지출	
	= 지출 총 합계	
	- 주간 예산	
	= 잔액	
	저축	
	바인더	
	계좌	
	피드백	
현금	챌린지 성과	
+ 카드		
= 합계	잘한 점	
- 오늘 예산		
= 잔액	아쉬운 점	
챌린지		
	개선할 점	

108

주간 기록

1　2　3　4　5

수입	예산
현금	총 예산
계좌	현금
	카드
합계	계좌
	챌린지

Weekly budget

Weekly expense

/ MON	/ TUE	/ WED
현금	현금	현금
+ 카드	+ 카드	+ 카드
= 합계	= 합계	= 합계
- 오늘 예산	- 오늘 예산	- 오늘 예산
= 잔액	= 잔액	= 잔액
챌린지	챌린지	챌린지

/ THU	/ FRI	/ SAT
현금	현금	현금
+ 카드	+ 카드	+ 카드
= 합계	= 합계	= 합계
- 오늘 예산	- 오늘 예산	- 오늘 예산
= 잔액	= 잔액	= 잔액
챌린지	챌린지	챌린지

Weekly expense

Weekly settlement

/ SUN	정산	
	현금 지출	
	+ 카드 지출	
	= 지출 총 합계	
	- 주간 예산	
	= 잔액	
	저축	
	바인더	
	계좌	
	피드백	
현금	챌린지 성과	
+ 카드		
= 합계	잘한 점	
- 오늘 예산		
= 잔액	아쉬운 점	
챌린지		
	개선할 점	

주간 기록

1 2 3 4 5

수입	예산
현금	총 예산
계좌	현금
	카드
합계	계좌
	챌린지

Weekly budget

Weekly expense

/ MON	/ TUE	/ WED
현금	현금	현금
+ 카드	+ 카드	+ 카드
= 합계	= 합계	= 합계
- 오늘 예산	- 오늘 예산	- 오늘 예산
= 잔액	= 잔액	= 잔액
챌린지	챌린지	챌린지

/ THU	/ FRI	/ SAT
현금	현금	현금
+ 카드	+ 카드	+ 카드
= 합계	= 합계	= 합계
- 오늘 예산	- 오늘 예산	- 오늘 예산
= 잔액	= 잔액	= 잔액
챌린지	챌린지	챌린지

Weekly expense

Weekly settlement

/ SUN	정산	
	현금 지출	
	+ 카드 지출	
	= 지출 총 합계	
	- 주간 예산	
	= 잔액	
	저축	
	바인더	
	계좌	
	피드백	
현금	챌린지 성과	
+ 카드		
= 합계	잘한 점	
- 오늘 예산		
= 잔액	아쉬운 점	
챌린지		
	개선할 점	

116

주간 기록

1 2 3 4 5

수입	예산
현금	총 예산
계좌	현금
	카드
합계	계좌
	챌린지

Weekly budget

Weekly expense

/ MON	/ TUE	/ WED
현금	현금	현금
+ 카드	+ 카드	+ 카드
= 합계	= 합계	= 합계
- 오늘 예산	- 오늘 예산	- 오늘 예산
= 잔액	= 잔액	= 잔액
챌린지	챌린지	챌린지

/　　THU	/　　FRI	/　　SAT
현금	현금	현금
+ 카드	+ 카드	+ 카드
= 합계	= 합계	= 합계
- 오늘 예산	- 오늘 예산	- 오늘 예산
= 잔액	= 잔액	= 잔액
챌린지	챌린지	챌린지

Weekly expense

Weekly settlement

/ SUN	정산	
	현금 지출	
	+ 카드 지출	
	= 지출 총 합계	
	- 주간 예산	
	= 잔액	
	저축	
	바인더	
	계좌	
	피드백	
현금	챌린지 성과	
+ 카드		
= 합계	잘한 점	
- 오늘 예산		
= 잔액	아쉬운 점	
챌린지		
	개선할 점	

120

월간 정산

	예산	지출 총액	잔액	수입
1주				
2주				
3주				
4주				
5주				
합계				

저축

바인더	
계좌	
합계	

피드백

챌린지 성과

잘한 점

아쉬운 점

개선할 점

Monthly settlement

월간 달력 1 2 3 4 5 6 7 8 9 10 11 12

SUN	MON	TUE	WED	THU	FRI	SAT

Monthly calendar

월간 예산

고정비	변동비	이벤트비
		합계
		총 합계
		저축 계획
합계	합계	

Monthly budget

NEVER SPEND YOUR MONEY BEFORE YOU HAVE IT.

Thomas Jefferson

돈이 수중에 들어오기 전까지는 절대로 쓰지 마라.

주간 기록

1 2 3 4 5

수입	예산
현금	총 예산
계좌	현금
	카드
합계	계좌
	챌린지

Weekly budget

Weekly expense

/ MON	/ TUE	/ WED
현금	현금	현금
+ 카드	+ 카드	+ 카드
= 합계	= 합계	= 합계
- 오늘 예산	- 오늘 예산	- 오늘 예산
= 잔액	= 잔액	= 잔액
챌린지	챌린지	챌린지

/ THU	/ FRI	/ SAT
현금	현금	현금
+ 카드	+ 카드	+ 카드
= 합계	= 합계	= 합계
- 오늘 예산	- 오늘 예산	- 오늘 예산
= 잔액	= 잔액	= 잔액
챌린지	챌린지	챌린지

Weekly expense

Weekly settlement

/ SUN	정산	
	현금 지출	
	+ 카드 지출	
	= 지출 총 합계	
	- 주간 예산	
	= 잔액	
	저축	
	바인더	
	계좌	
	피드백	
현금	챌린지 성과	
+ 카드		
= 합계	잘한 점	
- 오늘 예산		
= 잔액	아쉬운 점	
챌린지		
	개선할 점	

128

주간 기록　　　　　　　　　　1　2　3　4　5

수입	예산
현금	총 예산
계좌	현금
	카드
합계	계좌
	챌린지

Weekly budget

Weekly expense

	/ MON	/ TUE	/ WED
	현금	현금	현금
	+ 카드	+ 카드	+ 카드
	= 합계	= 합계	= 합계
	- 오늘 예산	- 오늘 예산	- 오늘 예산
	= 잔액	= 잔액	= 잔액
	챌린지	챌린지	챌린지

/ THU	/ FRI	/ SAT
현금	현금	현금
+ 카드	+ 카드	+ 카드
= 합계	= 합계	= 합계
- 오늘 예산	- 오늘 예산	- 오늘 예산
= 잔액	= 잔액	= 잔액
챌린지	챌린지	챌린지

Weekly expense

Weekly settlement

/ SUN	정산	
	현금 지출	
	+ 카드 지출	
	= 지출 총 합계	
	- 주간 예산	
	= 잔액	
	저축	
	바인더	
	계좌	
	피드백	
현금	챌린지 성과	
+ 카드		
= 합계	잘한 점	
- 오늘 예산		
= 잔액	아쉬운 점	
챌린지		
	개선할 점	

주간 기록

1　2　3　4　5

수입	예산
현금	총 예산
계좌	현금
	카드
합계	계좌
	챌린지

Weekly budget

Weekly expense

/ MON	/ TUE	/ WED
현금	현금	현금
+ 카드	+ 카드	+ 카드
= 합계	= 합계	= 합계
- 오늘 예산	- 오늘 예산	- 오늘 예산
= 잔액	= 잔액	= 잔액
챌린지	챌린지	챌린지

/ THU	/ FRI	/ SAT
현금	현금	현금
+ 카드	+ 카드	+ 카드
= 합계	= 합계	= 합계
- 오늘 예산	- 오늘 예산	- 오늘 예산
= 잔액	= 잔액	= 잔액
챌린지	챌린지	챌린지

Weekly expense

Weekly settlement

/ SUN	정산	
	현금 지출	
	+ 카드 지출	
	= 지출 총 합계	
	- 주간 예산	
	= 잔액	
	저축	
	바인더	
	계좌	
	피드백	
현금	챌린지 성과	
+ 카드		
= 합계	잘한 점	
- 오늘 예산		
= 잔액	아쉬운 점	
챌린지		
	개선할 점	

주간 기록

1　2　3　4　5

수입	예산
현금	총 예산
계좌	현금
	카드
합계	계좌
	챌린지

Weekly budget

Weekly expense

/ MON	/ TUE	/ WED
현금	현금	현금
+ 카드	+ 카드	+ 카드
= 합계	= 합계	= 합계
- 오늘 예산	- 오늘 예산	- 오늘 예산
= 잔액	= 잔액	= 잔액
챌린지	챌린지	챌린지

/ THU	/ FRI	/ SAT
현금	현금	현금
+ 카드	+ 카드	+ 카드
= 합계	= 합계	= 합계
- 오늘 예산	- 오늘 예산	- 오늘 예산
= 잔액	= 잔액	= 잔액
챌린지	챌린지	챌린지

Weekly expense

Weekly settlement

/ SUN	정산
	현금 지출
	+ 카드 지출
	= 지출 총 합계
	- 주간 예산
	= 잔액
	저축
	바인더
	계좌
	피드백
현금	챌린지 성과
+ 카드	
= 합계	잘한 점
- 오늘 예산	
= 잔액	아쉬운 점
챌린지	
	개선할 점

주간 기록		1 2 3 4 5
수입	예산	

수입	예산
현금	총 예산
계좌	현금
	카드
합계	계좌
	챌린지

Weekly budget

Weekly expense

/ MON	/ TUE	/ WED
현금	현금	현금
+ 카드	+ 카드	+ 카드
= 합계	= 합계	= 합계
- 오늘 예산	- 오늘 예산	- 오늘 예산
= 잔액	= 잔액	= 잔액
챌린지	챌린지	챌린지

/ THU	/ FRI	/ SAT
현금	현금	현금
+ 카드	+ 카드	+ 카드
= 합계	= 합계	= 합계
- 오늘 예산	- 오늘 예산	- 오늘 예산
= 잔액	= 잔액	= 잔액
챌린지	챌린지	챌린지

Weekly expense

Weekly settlement

/ SUN	정산	
	현금 지출	
	+ 카드 지출	
	= 지출 총 합계	
	- 주간 예산	
	= 잔액	
	저축	
	바인더	
	계좌	
	피드백	
현금	챌린지 성과	
+ 카드		
= 합계	잘한 점	
- 오늘 예산		
= 잔액	아쉬운 점	
챌린지		
	개선할 점	

월간 정산

	예산	지출 총액	잔액	수입
1주				
2주				
3주				
4주				
5주				
합계				

저축

바인더		
계좌		
합계		

피드백

챌린지 성과
잘한 점
아쉬운 점
개선할 점

Monthly settlement

월간 달력   1 2 3 4 5 6 7 8 9 10 11 12

Monthly calendar

SUN	MON	TUE	WED	THU	FRI	SAT

월간 예산

고정비	변동비	이벤트비
		합계
		총 합계
		저축 계획
합계	합계	

Monthly budget

ONLY I CAN
CHANGE ME LIFE,
NO ONE
CAN DO IT
FOR ME.

Carol Burnett

내 인생을 바꿀 수 있는 사람은 나 자신뿐이다. 아무도 대신할 수 없다.

주간 기록

1 2 3 4 5

수입	예산
현금	총 예산
계좌	현금
	카드
합계	계좌
	챌린지

Weekly budget

Weekly expense

/ MON	/ TUE	/ WED
현금	현금	현금
+ 카드	+ 카드	+ 카드
= 합계	= 합계	= 합계
- 오늘 예산	- 오늘 예산	- 오늘 예산
= 잔액	= 잔액	= 잔액
챌린지	챌린지	챌린지

/ THU	/ FRI	/ SAT
현금	현금	현금
+ 카드	+ 카드	+ 카드
= 합계	= 합계	= 합계
- 오늘 예산	- 오늘 예산	- 오늘 예산
= 잔액	= 잔액	= 잔액
챌린지	챌린지	챌린지

Weekly expense

Weekly settlement

/ SUN	정산	
	현금 지출	
	+ 카드 지출	
	= 지출 총 합계	
	- 주간 예산	
	= 잔액	
	저축	
	바인더	
	계좌	
	피드백	
현금	챌린지 성과	
+ 카드		
= 합계	잘한 점	
- 오늘 예산		
= 잔액	아쉬운 점	
챌린지		
	개선할 점	

주간 기록

1 2 3 4 5

수입	예산
현금	총 예산
계좌	현금
	카드
합계	계좌
	챌린지

Weekly budget

Weekly expense

/ MON	/ TUE	/ WED
현금	현금	현금
+ 카드	+ 카드	+ 카드
= 합계	= 합계	= 합계
- 오늘 예산	- 오늘 예산	- 오늘 예산
= 잔액	= 잔액	= 잔액
챌린지	챌린지	챌린지

/ THU	/ FRI	/ SAT
현금	현금	현금
+ 카드	+ 카드	+ 카드
= 합계	= 합계	= 합계
- 오늘 예산	- 오늘 예산	- 오늘 예산
= 잔액	= 잔액	= 잔액
챌린지	챌린지	챌린지

Weekly expense

Weekly settlement

/ SUN	정산
	현금 지출
	+ 카드 지출
	= 지출 총 합계
	- 주간 예산
	= 잔액
	저축
	바인더
	계좌
	피드백
현금	챌린지 성과
+ 카드	
= 합계	잘한 점
- 오늘 예산	
= 잔액	아쉬운 점
챌린지	
	개선할 점

주간 기록

1 2 3 4 5

수입	예산
현금	총 예산
계좌	현금
	카드
합계	계좌
	챌린지

Weekly budget

Weekly expense

/ MON	/ TUE	/ WED
현금	현금	현금
+ 카드	+ 카드	+ 카드
= 합계	= 합계	= 합계
- 오늘 예산	- 오늘 예산	- 오늘 예산
= 잔액	= 잔액	= 잔액
챌린지	챌린지	챌린지

/　　THU	/　　FRI	/　　SAT	Weekly expense
현금	현금	현금	
+ 카드	+ 카드	+ 카드	
= 합계	= 합계	= 합계	
- 오늘 예산	- 오늘 예산	- 오늘 예산	
= 잔액	= 잔액	= 잔액	
챌린지	챌린지	챌린지	

Weekly settlement

/ SUN	정산	
	현금 지출	
	+ 카드 지출	
	= 지출 총 합계	
	- 주간 예산	
	= 잔액	
	저축	
	바인더	
	계좌	
	피드백	
현금	챌린지 성과	
+ 카드		
= 합계	잘한 점	
- 오늘 예산		
= 잔액	아쉬운 점	
챌린지		
	개선할 점	

160

주간 기록	1 2 3 4 5
수입	예산
현금	총 예산
계좌	현금
	카드
합계	계좌
	챌린지

Weekly budget

Weekly expense

/ MON	/ TUE	/ WED
현금	현금	현금
+ 카드	+ 카드	+ 카드
= 합계	= 합계	= 합계
- 오늘 예산	- 오늘 예산	- 오늘 예산
= 잔액	= 잔액	= 잔액
챌린지	챌린지	챌린지

/ THU	/ FRI	/ SAT
현금	현금	현금
+ 카드	+ 카드	+ 카드
= 합계	= 합계	= 합계
- 오늘 예산	- 오늘 예산	- 오늘 예산
= 잔액	= 잔액	= 잔액
챌린지	챌린지	챌린지

Weekly expense

Weekly settlement

/ SUN	정산	
	현금 지출	
	+ 카드 지출	
	= 지출 총 합계	
	- 주간 예산	
	= 잔액	
	저축	
	바인더	
	계좌	
	피드백	
현금	챌린지 성과	
+ 카드		
= 합계	잘한 점	
- 오늘 예산		
= 잔액	아쉬운 점	
챌린지		
	개선할 점	

주간 기록

1 2 3 4 5

수입	예산
현금	총 예산
계좌	현금
	카드
합계	계좌
	챌린지

Weekly budget

Weekly expense

/ MON	/ TUE	/ WED

현금	현금	현금
+ 카드	+ 카드	+ 카드
= 합계	= 합계	= 합계
- 오늘 예산	- 오늘 예산	- 오늘 예산
= 잔액	= 잔액	= 잔액
챌린지	챌린지	챌린지

/ THU	/ FRI	/ SAT
현금	현금	현금
+ 카드	+ 카드	+ 카드
= 합계	= 합계	= 합계
- 오늘 예산	- 오늘 예산	- 오늘 예산
= 잔액	= 잔액	= 잔액
챌린지	챌린지	챌린지

Weekly expense

Weekly settlement

/ SUN	정산
	현금 지출
	+ 카드 지출
	= 지출 총 합계
	- 주간 예산
	= 잔액
	저축
	바인더
	계좌
	피드백
현금	챌린지 성과
+ 카드	
= 합계	잘한 점
- 오늘 예산	
= 잔액	아쉬운 점
챌린지	
	개선할 점

월간 정산

	예산	지출 총액	잔액	수입
1주				
2주				
3주				
4주				
5주				
합계				

지족

바인더	
계좌	
합계	

피드백

챌린지 성과	
잘한 점	
아쉬운 점	
개선할 점	

Monthly settlement

30

월간 달력　　　　　　　　　　　　　　　　1　2　3　4　5　6　7　8　9　10　11　12

SUN	MON	TUE	WED	THU	FRI	SAT
/						/
/						/
/						/
/						/
/						/
/						/

Monthly calendar

월간 예산

고정비	변동비	이벤트비
		합계
		총 합계
		저축 계획
합계	합계	

Monthly budget

MONEY BEGETS MONEY.
John Ray

돈이 돈을 낳는다.

주간 기록

1 2 3 4 5

수입	예산
현금	총 예산
계좌	현금
	카드
합계	계좌
	챌린지

Weekly budget

175

Weekly expense

/ MON	/ TUE	/ WED
현금	현금	현금
+ 카드	+ 카드	+ 카드
= 합계	= 합계	= 합계
- 오늘 예산	- 오늘 예산	- 오늘 예산
= 잔액	= 잔액	= 잔액
챌린지	챌린지	챌린지

/ THU	/ FRI	/ SAT
현금	현금	현금
+ 카드	+ 카드	+ 카드
= 합계	= 합계	= 합계
- 오늘 예산	- 오늘 예산	- 오늘 예산
= 잔액	= 잔액	= 잔액
챌린지	챌린지	챌린지

Weekly expense

Weekly settlement

/ SUN	정산	
	현금 지출	
	+ 카드 지출	
	= 지출 총 합계	
	- 주간 예산	
	= 잔액	
	저축	
	바인더	
	계좌	
	피드백	
현금	챌린지 성과	
+ 카드		
= 합계	잘한 점	
- 오늘 예산		
= 잔액	아쉬운 점	
챌린지		
	개선할 점	

주간 기록

1　2　3　4　5

수입	예산
현금	총 예산
계좌	현금
	카드
합계	계좌
	챌린지

Weekly budget

Weekly expense

/ MON	/ TUE	/ WED
현금	현금	현금
+ 카드	+ 카드	+ 카드
= 합계	= 합계	= 합계
- 오늘 예산	- 오늘 예산	- 오늘 예산
= 잔액	= 잔액	= 잔액
챌린지	챌린지	챌린지

/ THU	/ FRI	/ SAT
현금	현금	현금
+ 카드	+ 카드	+ 카드
= 합계	= 합계	= 합계
- 오늘 예산	- 오늘 예산	- 오늘 예산
= 잔액	= 잔액	= 잔액
챌린지	챌린지	챌린지

Weekly expense

Weekly settlement

	/ SUN	정산	
		현금 지출	
		+ 카드 지출	
		= 지출 총 합계	
		- 주간 예산	
		= 잔액	
		저축	
		바인더	
		계좌	
		피드백	
현금		챌린지 성과	
+ 카드			
= 합계		잘한 점	
- 오늘 예산			
= 잔액		아쉬운 점	
챌린지			
		개선할 점	

주간 기록	1 2 3 4 5
수입	예산
현금	총 예산
계좌	현금
	카드
합계	계좌
	챌린지

Weekly budget

Weekly expense

/ MON	/ TUE	/ WED
현금	현금	현금
+ 카드	+ 카드	+ 카드
= 합계	= 합계	= 합계
- 오늘 예산	- 오늘 예산	- 오늘 예산
= 잔액	= 잔액	= 잔액
챌린지	챌린지	챌린지

/ THU	/ FRI	/ SAT
현금	현금	현금
+ 카드	+ 카드	+ 카드
= 합계	= 합계	= 합계
- 오늘 예산	- 오늘 예산	- 오늘 예산
= 잔액	= 잔액	= 잔액
챌린지	챌린지	챌린지

Weekly expense

Weekly settlement

/ SUN	정산	
	현금 지출	
	+ 카드 지출	
	= 지출 총 합계	
	- 주간 예산	
	= 잔액	
	저축	
	바인더	
	계좌	
	피드백	
현금	챌린지 성과	
+ 카드		
= 합계	잘한 점	
- 오늘 예산		
= 잔액	아쉬운 점	
챌린지		
	개선할 점	

주간 기록

1 2 3 4 5

수입	예산
현금	총 예산
계좌	현금
	카드
합계	계좌
	챌린지

Weekly budget

Weekly expense

/ MON	/ TUE	/ WED
현금	현금	현금
+ 카드	+ 카드	+ 카드
= 합계	= 합계	= 합계
- 오늘 예산	- 오늘 예산	- 오늘 예산
= 잔액	= 잔액	= 잔액
챌린지	챌린지	챌린지

/ THU	/ FRI	/ SAT
현금	현금	현금
+ 카드	+ 카드	+ 카드
= 합계	= 합계	= 합계
- 오늘 예산	- 오늘 예산	- 오늘 예산
= 잔액	= 잔액	= 잔액
챌린지	챌린지	챌린지

Weekly expense

Weekly settlement

/ SUN	정산	
	현금 지출	
	+ 카드 지출	
	= 지출 총 합계	
	- 주간 예산	
	= 잔액	
	저축	
	바인더	
	계좌	
	피드백	
현금	챌린지 성과	
+ 카드		
= 합계	잘한 점	
- 오늘 예산		
= 잔액	아쉬운 점	
챌린지		
	개선할 점	

주간 기록

1 2 3 4 5

수입	예산
현금	총 예산
계좌	현금
	카드
합계	계좌
	챌린지

Weekly budget

Weekly expense

/ MON	/ TUE	/ WED
현금	현금	현금
+ 카드	+ 카드	+ 카드
= 합계	= 합계	= 합계
- 오늘 예산	- 오늘 예산	- 오늘 예산
= 잔액	= 잔액	= 잔액
챌린지	챌린지	챌린지

/ THU	/ FRI	/ SAT
현금	현금	현금
+ 카드	+ 카드	+ 카드
= 합계	= 합계	= 합계
- 오늘 예산	- 오늘 예산	- 오늘 예산
= 잔액	= 잔액	= 잔액
챌린지	챌린지	챌린지

Weekly expense

Weekly settlement

/ SUN	정산	
	현금 지출	
	+ 카드 지출	
	= 지출 총 합계	
	- 주간 예산	
	= 잔액	
	저축	
	바인더	
	계좌	
	피드백	
현금	챌린지 성과	
+ 카드		
= 합계	잘한 점	
- 오늘 예산		
= 잔액	아쉬운 점	
챌린지		
	개선할 점	

월간 정산

	예산	지출 총액	잔액	수입
1주				
2주				
3주				
4주				
5주				
합계				

저축

바인더	
계좌	
합계	

피드백

챌린지 성과	
잘한 점	
아쉬운 점	
개선할 점	

Monthly settlement

월간 달력

1 2 3 4 5 6 7 8 9 10 11 12

SUN	MON	TUE	WED	THU	FRI	SAT

Monthly calendar

월간 예산

고정비	변동비	이벤트비
		합계
		총 합계
		저축 계획
합계	합계	

Monthly budget

MONEY IS NOT
THE ONLY ANSWER,
BUT IT MAKES
A DIFFERENCE.

Barack Obama

돈이 유일한 해답은 아니지만 차이를 만들어낸다.

주간 기록

1　2　3　4　5

수입	예산
현금	총 예산
계좌	현금
	카드
합계	계좌
	챌린지

Weekly budget

Weekly expense

/ MON	/ TUE	/ WED
현금	현금	현금
+ 카드	+ 카드	+ 카드
= 합계	= 합계	= 합계
- 오늘 예산	- 오늘 예산	- 오늘 예산
= 잔액	= 잔액	= 잔액
챌린지	챌린지	챌린지

200

/ THU	/ FRI	/ SAT
현금	현금	현금
+ 카드	+ 카드	+ 카드
= 합계	= 합계	= 합계
- 오늘 예산	- 오늘 예산	- 오늘 예산
= 잔액	= 잔액	= 잔액
챌린지	챌린지	챌린지

Weekly expense

Weekly settlement

/ SUN	정산	
	현금 지출	
	+ 카드 지출	
	= 지출 총 합계	
	- 주간 예산	
	= 잔액	
	저축	
	바인더	
	계좌	
	피드백	
현금	챌린지 성과	
+ 카드		
= 합계	잘한 점	
- 오늘 예산		
= 잔액	아쉬운 점	
챌린지		
	개선할 점	

주간 기록

1 2 3 4 5

수입	예산
현금	총 예산
계좌	현금
	카드
합계	계좌
	챌린지

Weekly budget

Weekly expense

/ MON	/ TUE	/ WED
현금	현금	현금
+ 카드	+ 카드	+ 카드
= 합계	= 합계	= 합계
- 오늘 예산	- 오늘 예산	- 오늘 예산
= 잔액	= 잔액	= 잔액
챌린지	챌린지	챌린지

/ THU	/ FRI	/ SAT
현금	현금	현금
+ 카드	+ 카드	+ 카드
= 합계	= 합계	= 합계
- 오늘 예산	- 오늘 예산	- 오늘 예산
= 잔액	= 잔액	= 잔액
챌린지	챌린지	챌린지

Weekly expense

Weekly settlement

/ SUN	정산	
	현금 지출	
	+ 카드 지출	
	= 지출 총 합계	
	- 주간 예산	
	= 잔액	
	저축	
	바인더	
	계좌	
	피드백	
현금	챌린지 성과	
+ 카드		
= 합계	잘한 점	
- 오늘 예산		
= 잔액	아쉬운 점	
챌린지		
	개선할 점	

주간 기록

1 2 3 4 5

수입	예산
현금	총 예산
계좌	현금
	카드
합계	계좌
	챌린지

Weekly budget

Weekly expense

/ MON	/ TUE	/ WED
현금	현금	현금
+ 카드	+ 카드	+ 카드
= 합계	= 합계	= 합계
- 오늘 예산	- 오늘 예산	- 오늘 예산
= 잔액	= 잔액	= 잔액
챌린지	챌린지	챌린지

/ THU	/ FRI	/ SAT
현금	현금	현금
+ 카드	+ 카드	+ 카드
= 합계	= 합계	= 합계
- 오늘 예산	- 오늘 예산	- 오늘 예산
= 잔액	= 잔액	= 잔액
챌린지	챌린지	챌린지

Weekly expense

Weekly settlement

/ SUN	정산
	현금 지출
	+ 카드 지출
	= 지출 총 합계
	- 주간 예산
	= 잔액
	저축
	바인더
	계좌
	피드백
현금	챌린지 성과
+ 카드	
= 합계	잘한 점
- 오늘 예산	
= 잔액	아쉬운 점
챌린지	
	개선할 점

210

주간 기록

1 2 3 4 5

수입	예산
현금	총 예산
계좌	현금
	카드
합계	계좌
	챌린지

Weekly budget

Weekly expense

/ MON	/ TUE	/ WED
현금	현금	현금
+ 카드	+ 카드	+ 카드
= 합계	= 합계	= 합계
- 오늘 예산	- 오늘 예산	- 오늘 예산
= 잔액	= 잔액	= 잔액
챌린지	챌린지	챌린지

/ THU	/ FRI	/ SAT
현금	현금	현금
+ 카드	+ 카드	+ 카드
= 합계	= 합계	= 합계
- 오늘 예산	- 오늘 예산	- 오늘 예산
= 잔액	= 잔액	= 잔액
챌린지	챌린지	챌린지

Weekly expense

Weekly settlement

/ SUN	정산	
	현금 지출	
	+ 카드 지출	
	= 지출 총 합계	
	- 주간 예산	
	= 잔액	
	저축	
	바인더	
	계좌	
	피드백	
현금	챌린지 성과	
+ 카드		
= 합계	잘한 점	
- 오늘 예산		
= 잔액	아쉬운 점	
챌린지		
	개선할 점	

주간 기록

1 2 3 4 5

수입	예산
현금	총 예산
계좌	현금
	카드
합계	계좌
	챌린지

Weekly budget

Weekly expense

/ MON	/ TUE	/ WED
현금	현금	현금
+ 카드	+ 카드	+ 카드
= 합계	= 합계	= 합계
- 오늘 예산	- 오늘 예산	- 오늘 예산
= 잔액	= 잔액	= 잔액
챌린지	챌린지	챌린지

/ THU	/ FRI	/ SAT
현금	현금	현금
+ 카드	+ 카드	+ 카드
= 합계	= 합계	= 합계
- 오늘 예산	- 오늘 예산	- 오늘 예산
= 잔액	= 잔액	= 잔액
챌린지	챌린지	챌린지

Weekly expense

Weekly settlement

/ SUN	정산	
	현금 지출	
	+ 카드 지출	
	= 지출 총 합계	
	- 주간 예산	
	= 잔액	
	저축	
	바인더	
	계좌	
	피드백	
현금	챌린지 성과	
+ 카드		
= 합계	잘한 점	
- 오늘 예산		
= 잔액	아쉬운 점	
챌린지		
	개선할 점	

월간 정산

	예산	지출 총액	잔액	수입
1주				
2주				
3주				
4주				
5주				
합계				

저축

바인더	
계좌	
합계	

피드백

챌린지 성과
잘한 점
아쉬운 점
개선할 점

Monthly settlement

월간 달력

1 2 3 4 5 6 7 8 9 10 11 12

SUN	MON	TUE	WED	THU	FRI	SAT

Monthly calendar

월간 예산

고정비	변동비	이벤트비
		합계
		총 합계
		저축 계획
합계	합계	

Monthly budget

READY MONEY IS ALADDIN'S LAMP.
Lord Byron

준비된 돈은 알라딘의 램프와 같다.

주간 기록

1 2 3 4 5

수입	예산
현금	총 예산
계좌	현금
	카드
합계	계좌
	챌린지

Weekly budget

Weekly expense

/ MON	/ TUE	/ WED
현금	현금	현금
+ 카드	+ 카드	+ 카드
= 합계	= 합계	= 합계
- 오늘 예산	- 오늘 예산	- 오늘 예산
= 잔액	= 잔액	= 잔액
챌린지	챌린지	챌린지

/ THU	/ FRI	/ SAT
현금	현금	현금
+ 카드	+ 카드	+ 카드
= 합계	= 합계	= 합계
- 오늘 예산	- 오늘 예산	- 오늘 예산
= 잔액	= 잔액	= 잔액
챌린지	챌린지	챌린지

Weekly expense

Weekly settlement

/ SUN	정산	
	현금 지출	
	+ 카드 지출	
	= 지출 총 합계	
	- 주간 예산	
	= 잔액	
	저축	
	바인더	
	계좌	
	피드백	
현금	챌린지 성과	
+ 카드		
= 합계	잘한 점	
- 오늘 예산		
= 잔액	아쉬운 점	
챌린지		
	개선할 점	

주간 기록

1　2　3　4　5

수입	예산
현금	총 예산
계좌	현금
	카드
합계	계좌
	챌린지

Weekly budget

Weekly expense

/ MON	/ TUE	/ WED
현금	현금	현금
+ 카드	+ 카드	+ 카드
= 합계	= 합계	= 합계
- 오늘 예산	- 오늘 예산	- 오늘 예산
= 잔액	= 잔액	= 잔액
챌린지	챌린지	챌린지

/ THU	/ FRI	/ SAT
현금	현금	현금
+ 카드	+ 카드	+ 카드
= 합계	= 합계	= 합계
- 오늘 예산	- 오늘 예산	- 오늘 예산
= 잔액	= 잔액	= 잔액
챌린지	챌린지	챌린지

Weekly expense

Weekly settlement

/ SUN	정산	
	현금 지출	
	+ 카드 지출	
	= 지출 총 합계	
	- 주간 예산	
	= 잔액	
	저축	
	바인더	
	계좌	
	피드백	
현금	챌린지 성과	
+ 카드		
= 합계	잘한 점	
- 오늘 예산		
= 잔액	아쉬운 점	
챌린지		
	개선할 점	

주간 기록

1 2 3 4 5

수입	예산
현금	총 예산
계좌	현금
	카드
합계	계좌
	챌린지

Weekly budget

Weekly expense

/ MON	/ TUE	/ WED
현금	현금	현금
+ 카드	+ 카드	+ 카드
= 합계	= 합계	= 합계
- 오늘 예산	- 오늘 예산	- 오늘 예산
= 잔액	= 잔액	= 잔액
챌린지	챌린지	챌린지

/ THU	/ FRI	/ SAT
현금	현금	현금
+ 카드	+ 카드	+ 카드
= 합계	= 합계	= 합계
- 오늘 예산	- 오늘 예산	- 오늘 예산
= 잔액	= 잔액	= 잔액
챌린지	챌린지	챌린지

Weekly expense

Weekly settlement

/ SUN	정산	
	현금 지출	
	+ 카드 지출	
	= 지출 총 합계	
	- 주간 예산	
	= 잔액	
	저축	
	바인더	
	계좌	
	피드백	
현금	챌린지 성과	
+ 카드		
= 합계	잘한 점	
- 오늘 예산		
= 잔액	아쉬운 점	
챌린지	개선할 점	

주간 기록		1 2 3 4 5
수입	예산	

수입	예산
현금	총 예산
계좌	현금
	카드
합계	계좌
	챌린지

Weekly budget

Weekly expense

/ MON	/ TUE	/ WED
현금	현금	현금
+ 카드	+ 카드	+ 카드
= 합계	= 합계	= 합계
- 오늘 예산	- 오늘 예산	- 오늘 예산
= 잔액	= 잔액	= 잔액
챌린지	챌린지	챌린지

/　　THU	/　　FRI	/　　SAT
현금	현금	현금
+ 카드	+ 카드	+ 카드
= 합계	= 합계	= 합계
- 오늘 예산	- 오늘 예산	- 오늘 예산
= 잔액	= 잔액	= 잔액
챌린지	챌린지	챌린지

Weekly expense

Weekly settlement

/ SUN	정산	
	현금 지출	
	+ 카드 지출	
	= 지출 총 합계	
	- 주간 예산	
	= 잔액	
	저축	
	바인더	
	계좌	
	피드백	
현금	챌린지 성과	
+ 카드		
= 합계	잘한 점	
- 오늘 예산		
= 잔액	아쉬운 점	
챌린지		
	개선할 점	

주간 기록		1 2 3 4 5
수입	예산	
		Weekly budget
현금	총 예산	
계좌	현금	
	카드	
합계	계좌	
	챌린지	

Weekly expense

/ MON	/ TUE	/ WED
현금	현금	현금
+ 카드	+ 카드	+ 카드
= 합계	= 합계	= 합계
- 오늘 예산	- 오늘 예산	- 오늘 예산
= 잔액	= 잔액	= 잔액
챌린지	챌린지	챌린지

/ THU	/ FRI	/ SAT
현금	현금	현금
+ 카드	+ 카드	+ 카드
= 합계	= 합계	= 합계
- 오늘 예산	- 오늘 예산	- 오늘 예산
= 잔액	= 잔액	= 잔액
챌린지	챌린지	챌린지

Weekly expense

Weekly settlement

/ SUN	정산
	현금 지출
	+ 카드 지출
	= 지출 총 합계
	- 주간 예산
	= 잔액
	저축
	바인더
	계좌
	피드백
현금	챌린지 성과
+ 카드	
= 합계	잘한 점
- 오늘 예산	
= 잔액	아쉬운 점
챌린지	
	개선할 점

월간 정산

	예산	지출 총액	잔액	수입
1주				
2주				
3주				
4주				
5주				
합계				

저축

바인더	
계좌	
합계	

피드백

챌린지 성과
잘한 점
아쉬운 점
개선할 점

Monthly settlement

40

월간 달력

1 2 3 4 5 6 7 8 9 10 11 12

SUN	MON	TUE	WED	THU	FRI	SAT

월간 예산

고정비	변동비	이벤트비
		합계
		총 합계
		저축 계획
합계	합계	

Monthly budget

YOU MUST
GAIN CONTROL
OVER YOUR MONEY
OR THE LACK
OF IT WILL
FOREVER
CONTROL YOU.

Dave Ramsey

당신의 돈을 잘 통제하라, 그러지 않으면 영원히 부족한 돈에 통제당할 것이다.

주간 기록

1 2 3 4 5

수입	예산
현금	총 예산
계좌	현금
	카드
합계	계좌
	챌린지

Weekly budget

Weekly expense

/ MON	/ TUE	/ WED
현금	현금	현금
+ 카드	+ 카드	+ 카드
= 합계	= 합계	= 합계
- 오늘 예산	- 오늘 예산	- 오늘 예산
= 잔액	= 잔액	= 잔액
챌린지	챌린지	챌린지

/ THU	/ FRI	/ SAT
현금	현금	현금
+ 카드	+ 카드	+ 카드
= 합계	= 합계	= 합계
- 오늘 예산	- 오늘 예산	- 오늘 예산
= 잔액	= 잔액	= 잔액
챌린지	챌린지	챌린지

Weekly expense

Weekly settlement

/ SUN	정산
	현금 지출
	+ 카드 지출
	= 지출 총 합계
	- 주간 예산
	= 잔액
	저축
	바인더
	계좌
	피드백
현금	챌린지 성과
+ 카드	
= 합계	잘한 점
- 오늘 예산	
= 잔액	아쉬운 점
챌린지	
	개선할 점

주간 기록

1 2 3 4 5

수입	예산
현금	총 예산
계좌	현금
	카드
합계	계좌
	챌린지

Weekly budget

Weekly expense

/ MON	/ TUE	/ WED
현금	현금	현금
+ 카드	+ 카드	+ 카드
= 합계	= 합계	= 합계
- 오늘 예산	- 오늘 예산	- 오늘 예산
= 잔액	= 잔액	= 잔액
챌린지	챌린지	챌린지

/ THU	/ FRI	/ SAT
현금	현금	현금
+ 카드	+ 카드	+ 카드
= 합계	= 합계	= 합계
- 오늘 예산	- 오늘 예산	- 오늘 예산
= 잔액	= 잔액	= 잔액
챌린지	챌린지	챌린지

Weekly expense

Weekly settlement

/ SUN	정산	
	현금 지출	
	+ 카드 지출	
	= 지출 총 합계	
	- 주간 예산	
	= 잔액	
	저축	
	바인더	
	계좌	
	피드백	
현금	챌린지 성과	
+ 카드		
= 합계	잘한 점	
- 오늘 예산		
= 잔액	아쉬운 점	
챌린지		
	개선할 점	

주간 기록

1 2 3 4 5

수입	예산
현금	총 예산
계좌	현금
	카드
합계	계좌
	챌린지

Weekly budget

Weekly expense

/ MON	/ TUE	/ WED
현금	현금	현금
+ 카드	+ 카드	+ 카드
= 합계	= 합계	= 합계
- 오늘 예산	- 오늘 예산	- 오늘 예산
= 잔액	= 잔액	= 잔액
챌린지	챌린지	챌린지

/ THU	/ FRI	/ SAT
현금	현금	현금
+ 카드	+ 카드	+ 카드
= 합계	= 합계	= 합계
- 오늘 예산	- 오늘 예산	- 오늘 예산
= 잔액	= 잔액	= 잔액
챌린지	챌린지	챌린지

Weekly expense

Weekly settlement

/ SUN	정산	
	현금 지출	
	+ 카드 지출	
	= 지출 총 합계	
	- 주간 예산	
	= 잔액	
	저축	
	바인더	
	계좌	
	피드백	
현금	챌린지 성과	
+ 카드		
= 합계	잘한 점	
- 오늘 예산		
= 잔액	아쉬운 점	
챌린지		
	개선할 점	

260

주간 기록

1　2　3　4　5

수입	예산
현금	총 예산
계좌	현금
	카드
합계	계좌
	챌린지

Weekly budget

Weekly expense

/ MON	/ TUE	/ WED
현금	현금	현금
+ 카드	+ 카드	+ 카드
= 합계	= 합계	= 합계
- 오늘 예산	- 오늘 예산	- 오늘 예산
= 잔액	= 잔액	= 잔액
챌린지	챌린지	챌린지

/　THU	/　FRI	/　SAT
현금	현금	현금
+ 카드	+ 카드	+ 카드
= 합계	= 합계	= 합계
- 오늘 예산	- 오늘 예산	- 오늘 예산
= 잔액	= 잔액	= 잔액
챌린지	챌린지	챌린지

Weekly expense

Weekly settlement

/ SUN	정산	
	현금 지출	
	+ 카드 지출	
	= 지출 총 합계	
	- 주간 예산	
	= 잔액	
	저축	
	바인더	
	계좌	
	피드백	
현금	챌린지 성과	
+ 카드		
= 합계	잘한 점	
- 오늘 예산		
= 잔액	아쉬운 점	
챌린지		
	개선할 점	

주간 기록

1 2 3 4 5

수입	예산
현금	총 예산
계좌	현금
	카드
합계	계좌
	챌린지

Weekly budget

Weekly expense

/ MON	/ TUE	/ WED
현금	현금	현금
+ 카드	+ 카드	+ 카드
= 합계	= 합계	= 합계
- 오늘 예산	- 오늘 예산	- 오늘 예산
= 잔액	= 잔액	= 잔액
챌린지	챌린지	챌린지

/　　THU	/　　FRI	/　　SAT
현금	현금	현금
+ 카드	+ 카드	+ 카드
= 합계	= 합계	= 합계
- 오늘 예산	- 오늘 예산	- 오늘 예산
= 잔액	= 잔액	= 잔액
챌린지	챌린지	챌린지

Weekly expense

Weekly settlement

/ SUN	정산	
	현금 지출	
	+ 카드 지출	
	= 지출 총 합계	
	- 주간 예산	
	= 잔액	
	저축	
	바인더	
	계좌	
	피드백	
현금	챌린지 성과	
+ 카드		
= 합계	잘한 점	
- 오늘 예산		
= 잔액	아쉬운 점	
챌린지		
	개선할 점	

268

월간 정산

	예산	지출 총액	잔액	수입
1주				
2주				
3주				
4주				
5주				
합계				

저축

바인더	
계좌	
합계	

피드백

챌린지 성과
잘한 점
아쉬운 점
개선할 점

Monthly settlement

월간 달력　　　　　　　　　　　　1　2　3　4　5　6　7　8　9　10　11　12

SUN	MON	TUE	WED	THU	FRI	SAT

Monthly calendar

월간 예산

고정비	변동비	이벤트비
		합계
		총 합계
		저축 계획
합계	합계	

Monthly budget

낭비하지 않으면, 부족함이 없다.

WASTE NOT,
WANT NOT.

낭비하지 않으면, 부족함이 없다.

주간 기록

1　2　3　4　5

수입		예산
현금		총 예산
계좌		현금
		카드
합계		계좌
		챌린지

Weekly budget

Weekly expense

/ MON	/ TUE	/ WED
현금	현금	현금
+ 카드	+ 카드	+ 카드
= 합계	= 합계	= 합계
- 오늘 예산	- 오늘 예산	- 오늘 예산
= 잔액	= 잔액	= 잔액
챌린지	챌린지	챌린지

/ THU	/ FRI	/ SAT
현금	현금	현금
+ 카드	+ 카드	+ 카드
= 합계	= 합계	= 합계
- 오늘 예산	- 오늘 예산	- 오늘 예산
= 잔액	= 잔액	= 잔액
챌린지	챌린지	챌린지

Weekly expense

Weekly settlement

/ SUN	정산	
	현금 지출	
	+ 카드 지출	
	= 지출 총 합계	
	- 주간 예산	
	= 잔액	
	저축	
	바인더	
	계좌	
	피드백	
현금	챌린지 성과	
+ 카드		
= 합계	잘한 점	
- 오늘 예산	아쉬운 점	
= 잔액		
챌린지	개선할 점	

주간 기록		1 2 3 4 5
수입	예산	

수입	예산
현금	총 예산
계좌	현금
	카드
합계	계좌
	챌린지

Weekly budget

Weekly expense

/ MON	/ TUE	/ WED
현금	현금	현금
+ 카드	+ 카드	+ 카드
= 합계	= 합계	= 합계
- 오늘 예산	- 오늘 예산	- 오늘 예산
= 잔액	= 잔액	= 잔액
챌린지	챌린지	챌린지

/ THU	/ FRI	/ SAT
현금	현금	현금
+ 카드	+ 카드	+ 카드
= 합계	= 합계	= 합계
- 오늘 예산	- 오늘 예산	- 오늘 예산
= 잔액	= 잔액	= 잔액
챌린지	챌린지	챌린지

Weekly expense

Weekly settlement

/ SUN	정산	
	현금 지출	
	+ 카드 지출	
	= 지출 총 합계	
	- 주간 예산	
	= 잔액	
	저축	
	바인더	
	계좌	
	피드백	
현금	챌린지 성과	
+ 카드		
= 합계	잘한 점	
- 오늘 예산		
= 잔액	아쉬운 점	
챌린지	개선할 점	

280

주간 기록 1 2 3 4 5

수입	예산
현금	총 예산
계좌	현금
	카드
합계	계좌
	챌린지

Weekly budget

281

Weekly expense

/ MON	/ TUE	/ WED
현금	현금	현금
+ 카드	+ 카드	+ 카드
= 합계	= 합계	= 합계
- 오늘 예산	- 오늘 예산	- 오늘 예산
= 잔액	= 잔액	= 잔액
챌린지	챌린지	챌린지

/ THU	/ FRI	/ SAT
현금	현금	현금
+ 카드	+ 카드	+ 카드
= 합계	= 합계	= 합계
- 오늘 예산	- 오늘 예산	- 오늘 예산
= 잔액	= 잔액	= 잔액
챌린지	챌린지	챌린지

Weekly expense

Weekly settlement

/ SUN	정산	
	현금 지출	
	+ 카드 지출	
	= 지출 총 합계	
	- 주간 예산	
	= 잔액	
	저축	
	바인더	
	계좌	
	피드백	
현금	챌린지 성과	
+ 카드		
= 합계	잘한 점	
- 오늘 예산		
= 잔액	아쉬운 점	
챌린지		
	개선할 점	

주간 기록

1 2 3 4 5

수입	예산
현금	총 예산
계좌	현금
	카드
합계	계좌
	챌린지

Weekly budget

Weekly expense

/ MON	/ TUE	/ WED
현금	현금	현금
+ 카드	+ 카드	+ 카드
= 합계	= 합계	= 합계
- 오늘 예산	- 오늘 예산	- 오늘 예산
= 잔액	= 잔액	= 잔액
챌린지	챌린지	챌린지

/　　THU	/　　FRI	/　　SAT
현금	현금	현금
+ 카드	+ 카드	+ 카드
= 합계	= 합계	= 합계
- 오늘 예산	- 오늘 예산	- 오늘 예산
= 잔액	= 잔액	= 잔액
챌린지	챌린지	챌린지

Weekly expense

Weekly settlement

/ SUN	정산	
	현금 지출	
	+ 카드 지출	
	= 지출 총 합계	
	- 주간 예산	
	= 잔액	
	저축	
	바인더	
	계좌	
	피드백	
현금	챌린지 성과	
+ 카드		
= 합계	잘한 점	
- 오늘 예산		
= 잔액	아쉬운 점	
챌린지		
	개선할 점	

주간 기록

1　2　3　4　5

수입	예산
현금	총 예산
계좌	현금
	카드
합계	계좌
	챌린지

Weekly budget

Weekly expense

	/ MON	/ TUE	/ WED
현금	현금	현금
+ 카드	+ 카드	+ 카드
= 합계	= 합계	= 합계
- 오늘 예산	- 오늘 예산	- 오늘 예산
= 잔액	= 잔액	= 잔액
챌린지	챌린지	챌린지

/ THU	/ FRI	/ SAT
현금	현금	현금
+ 카드	+ 카드	+ 카드
= 합계	= 합계	= 합계
- 오늘 예산	- 오늘 예산	- 오늘 예산
= 잔액	= 잔액	= 잔액
챌린지	챌린지	챌린지

Weekly expense

Weekly settlement

/ SUN	정산	
	현금 지출	
	+ 카드 지출	
	= 지출 총 합계	
	- 주간 예산	
	= 잔액	
	저축	
	바인더	
	계좌	
	피드백	
현금	챌린지 성과	
+ 카드		
= 합계	잘한 점	
- 오늘 예산		
= 잔액	아쉬운 점	
챌린지	개선할 점	

월간 정산

	예산	지출 총액	잔액	수입
1주				
2주				
3주				
4주				
5주				
합계				

저축

바인더	
계좌	
합계	

피드백

챌린지 성과
잘한 점
아쉬운 점
개선할 점

Monthly settlement

월간 달력

1 2 3 4 5 6 7 8 9 10 11 12

SUN	MON	TUE	WED	THU	FRI	SAT

Monthly calendar

월간 예산

고정비	변동비	이벤트비
		합계
		총 합계
		저축 계획
합계	합계	

Monthly budget

MONEY
IS A TERRIBLE
MASTER BUT
AN EXCELLENT
SERVANT.

P. T. Barnum

돈은 최악의 주인이자, 최고의 하인이다.

주간 기록		1 2 3 4 5
수입	예산	

수입	예산
현금	총 예산
계좌	현금
	카드
합계	계좌
	챌린지

Weekly budget

Weekly expense

/ MON	/ TUE	/ WED
현금	현금	현금
+ 카드	+ 카드	+ 카드
= 합계	= 합계	= 합계
- 오늘 예산	- 오늘 예산	- 오늘 예산
= 잔액	= 잔액	= 잔액
챌린지	챌린지	챌린지

/ THU	/ FRI	/ SAT
현금	현금	현금
+ 카드	+ 카드	+ 카드
= 합계	= 합계	= 합계
- 오늘 예산	- 오늘 예산	- 오늘 예산
= 잔액	= 잔액	= 잔액
챌린지	챌린지	챌린지

Weekly expense

Weekly settlement

/ SUN	정산	
	현금 지출	
	+ 카드 지출	
	= 지출 총 합계	
	- 주간 예산	
	= 잔액	
	저축	
	바인더	
	계좌	
	피드백	
현금	챌린지 성과	
+ 카드		
= 합계	잘한 점	
- 오늘 예산		
= 잔액	아쉬운 점	
챌린지		
	개선할 점	

주간 기록		1 2 3 4 5
수입	예산	
현금	총 예산	
계좌	현금	
	카드	
합계	계좌	
	챌린지	

Weekly budget

Weekly expense

/ MON	/ TUE	/ WED
현금	현금	현금
+ 카드	+ 카드	+ 카드
= 합계	= 합계	= 합계
- 오늘 예산	- 오늘 예산	- 오늘 예산
= 잔액	= 잔액	= 잔액
챌린지	챌린지	챌린지

/ THU	/ FRI	/ SAT
현금	현금	현금
+ 카드	+ 카드	+ 카드
= 합계	= 합계	= 합계
- 오늘 예산	- 오늘 예산	- 오늘 예산
= 잔액	= 잔액	= 잔액
챌린지	챌린지	챌린지

Weekly expense

Weekly settlement

/ SUN	정산	
	현금 지출	
	+ 카드 지출	
	= 지출 총 합계	
	- 주간 예산	
	= 잔액	
	저축	
	바인더	
	계좌	
	피드백	
현금	챌린지 성과	
+ 카드		
= 합계	잘한 점	
- 오늘 예산		
= 잔액	아쉬운 점	
챌린지		
	개선할 점	

304

주간 기록

1　2　3　4　5

수입	예산
현금	총 예산
계좌	현금
	카드
합계	계좌
	챌린지

Weekly budget

Weekly expense

/ MON	/ TUE	/ WED
현금	현금	현금
+ 카드	+ 카드	+ 카드
= 합계	= 합계	= 합계
- 오늘 예산	- 오늘 예산	- 오늘 예산
= 잔액	= 잔액	= 잔액
챌린지	챌린지	챌린지

/ THU	/ FRI	/ SAT
현금	현금	현금
+ 카드	+ 카드	+ 카드
= 합계	= 합계	= 합계
- 오늘 예산	- 오늘 예산	- 오늘 예산
= 잔액	= 잔액	= 잔액
챌린지	챌린지	챌린지

Weekly expense

307

Weekly settlement

/ SUN	정산	
	현금 지출	
	+ 카드 지출	
	= 지출 총 합계	
	- 주간 예산	
	= 잔액	
	저축	
	바인더	
	계좌	
	피드백	
현금	챌린지 성과	
+ 카드		
= 합계	잘한 점	
- 오늘 예산		
= 잔액	아쉬운 점	
챌린지		
	개선할 점	

주간 기록

1 2 3 4 5

수입	예산
현금	총 예산
계좌	현금
	카드
합계	계좌
	챌린지

Weekly budget

Weekly expense

/ MON	/ TUE	/ WED
현금	현금	현금
+ 카드	+ 카드	+ 카드
= 합계	= 합계	= 합계
- 오늘 예산	- 오늘 예산	- 오늘 예산
= 잔액	= 잔액	= 잔액
챌린지	챌린지	챌린지

/ THU	/ FRI	/ SAT
현금	현금	현금
+ 카드	+ 카드	+ 카드
= 합계	= 합계	= 합계
- 오늘 예산	- 오늘 예산	- 오늘 예산
= 잔액	= 잔액	= 잔액
챌린지	챌린지	챌린지

Weekly expense

Weekly settlement

/ SUN	정산	
	현금 지출	
	+ 카드 지출	
	= 지출 총 합계	
	- 주간 예산	
	= 잔액	
	저축	
	바인더	
	계좌	
	피드백	
현금	챌린지 성과	
+ 카드		
= 합계	잘한 점	
- 오늘 예산		
= 잔액	아쉬운 점	
챌린지		
	개선할 점	

주간 기록   1 2 3 4 5

수입	예산
현금	총 예산
계좌	현금
	카드
합계	계좌
	챌린지

Weekly budget

Weekly expense

/ MON	/ TUE	/ WED
현금	현금	현금
+ 카드	+ 카드	+ 카드
= 합계	= 합계	= 합계
- 오늘 예산	- 오늘 예산	- 오늘 예산
= 잔액	= 잔액	= 잔액
챌린지	챌린지	챌린지

/ THU	/ FRI	/ SAT
현금	현금	현금
+ 카드	+ 카드	+ 카드
= 합계	= 합계	= 합계
- 오늘 예산	- 오늘 예산	- 오늘 예산
= 잔액	= 잔액	= 잔액
챌린지	챌린지	챌린지

Weekly expense

Weekly settlement

/ SUN	정산	
	현금 지출	
	+ 카드 지출	
	= 지출 총 합계	
	- 주간 예산	
	= 잔액	
	저축	
	바인더	
	계좌	
	피드백	
현금	챌린지 성과	
+ 카드		
= 합계	잘한 점	
- 오늘 예산		
= 잔액	아쉬운 점	
챌린지		
	개선할 점	

월간 정산

	예산	지출 총액	잔액	수입
1주				
2주				
3주				
4주				
5주				
합계				

저축

바인더	
계좌	
합계	

피드백

챌린지 성과
잘한 점
아쉬운 점
개선할 점

INVESTING
IN YOURSELF IS THE
BEST INVESTMENT
YOU WILL EVER MAKE.
IT WILL NOT ONLY
IMPROVE YOUR LIFE,
IT WILL IMPROVE
THE LIVES OF ALL
THOSE AROUND YOU.

Robin Sharma

자신에게 투자하는 것은 당신이 할 수 있는 최고의 투자다.
그것은 당신의 삶을 향상시킬 뿐만 아니라 당신 주변의 모든 사람의 삶을 향상시킬 것이다.

Q&A

큐큐는 누구인가요?

프로N잡러입니다. 현금 생활 유튜브 채널 '큐큐 스튜디오'를 운영하며 크리에이터로 활동하고 있습니다. 최근에는 현금 챌린지 관련 제품을 만들어 브랜드화하고 클래스101에 강의를 론칭했습니다. 본캐는 그림을 그리는 아티스트입니다. 자기계발과 사업, 재테크에 관심이 많아 전공을 살려 미술 작가 양성 컨설팅, 브랜드 론칭 교육을 병행하고 있습니다.

현금 생활,
현금 챌린지란 무엇인가요?

현금 생활은 미국에서 유입된 '캐시스터핑'이 한국에 상륙해 '현금 생활', '현금 챌린지'라는 이름으로 온라인상에서 입소문으로 퍼져나간 절약 챌린지의 한 방법입니다. '현금 생활'은 신용카드를 사용하지 않고 현금으로 일상의 경제 활동을 하는 챌린지를 뜻하며 개인의 취향에 맞춰 바인더를 직접 만들어 사용합니다. 아날로그 감성이 더해져 사회 초년생, MZ들이 돈 관리에 재미를 붙이게 하고, 절약과 저축을 독려하는 데 탁월한 효과가 있어 인기를 끌고 있습니다.

현금 생활
어떻게 시작하게 됐나요?

처음 현금 생활을 접했을 때 어떻게 시작해야 하는지 제대로 알려주는 국내 영상이 없어서 해외 영상을 뒤적이며 공부하기 시작했어요. 저 같은 사람이 많을 거 같아 '현금 생활 가이드' 영상을 제작해 유튜브에 업로드 했고, 이 영상이 조회 수 21만을 넘으면서 유튜브 채널 '큐큐 스튜디오'는 한 달 만에 유튜브 수익화를 달성했습니다. 이를 보고 공중파 뉴스에서 연락이 와 다수의 인터뷰 촬영을 진행하는 등 관심이 계속 이어지면서 현금 생활 브랜드 론칭부터 클래스101 강의 론칭, 《큐큐 캐시 다이어리북》 출간까지 현금 생활 대표 주자로 활동하고 있어요. 지금은 본업의 자리를 잠시 내어줄 만큼 현금 생활로 인해 바쁘게 지내고 있습니다.

초기 비용이
많이 들어 보이는데,
다른 방법은 없을까요?

현금 챌린지를 처음 시작할 때 준비 단계에서부터 다이어리와 속지에 많은 비용을 투자하는 경우가 있는데요. 제가 해본 결과, 예쁜 다이어리와 속지는 현금 생활을 재미있게 유지할 수 있도록 돕는 보조 장치입니다. 있어도 그만, 없어도 그만이랍니다. 초기에 모든 걸 갖춰서 시작할 필요는 없어요. 먼저 편지 봉투나 투명 파우치로 간단하게 시작해보고 필요하다 싶으면, 그때 다이어리나 속지 등도 함께 구입해 사용해보세요. 다 갖춰서 시작할 경우 나중에 필요하지 않은 것들이 생기기 마련입니다. 《큐큐 캐시 다이어리북》이 안내하는 가이드를 찬찬히 따라오세요!

현금 생활
추천 대상은?

욜로가 일상인 프로 지출러, 돈을 관리하고 싶은데 재테크는 어렵기만 하고 뭐부터 시작해야 할지 모르는 사회 초년생, 돈을 벌어도 남는 게 없어 고민인 분, 아기자기한 문구류를 좋아하는 다꾸러(다이어리 꾸미기 러버). 여기서 하나라도 속한다면, 지금 당장 현금 생활에 도전해보세요!

현금 생활만의
장점은?

일반적인 절약과 다른 현금 생활만의 장점은 자신의 욕구를 억누르지 않는다는 것입니다. 절약하다 지치거나, 보복 소비를 할 확률이 적어져요. 소비가 필요한 항목이 있다면 '참기', '사지 않기'가 아니라 계획을 세워 필요 금액을 모아 구매하도록 독려합니다. 돈을 당겨서 쓰지 않고, 내가 가진 돈 안에서 쓰고, 예산 안에서 생활하는 법을 배울 수 있습니다. 그래서 자신의 소비를 통제하기 어려운 분들, 과소비가 습관인 분들이 소비 습관을 개선하는 데 아주 효과적입니다.

스스로 세운 재정 목표에 도달하기 위한 절약 방법, 수입을 늘리는 다양한 아이디어를 찾아가며 목표를 달성해나가는 '챌린지' 형식이기 때문에 작은 성취감을 연속적으로 얻을 수 있어 꾸준하고 재미있게 재테크를 할 수 있다는 점도 큰 장점입니다. 또 현금 생활 온라인 커뮤니티가 형성되어 있어 서로를 격려하며 좋은 에너지를 함께 공유할 수 있습니다.

현금 생활 하면 좋은 점은?

1) 불필요한 지출과 충동구매가 방지된다.

현금 생활을 하면 불편한 점이 많습니다. 그러나 불편함을 이기는 유익이 있습니다. 지금까지 중단하지 않고 꾸준히 실천한 이유인데, 아이러니하게도 현금 사용으로 인한 결제의 불편함이 가장 큰 유익입니다. 생각 없이 카드로 쉽게 결제하던 습관이 저절로 고쳐져요. 현금 결제가 가능한 곳을 찾고, 현금을 꺼내고, 거스름돈을 받고, 잔액을 확인하고, 기록하는 번거로움의 장벽들이 소비에 제동을 걸기 때문입니다. 불편한 현금 생활이 불필요한 지출을 막아주고, 나만의 소비 기준을 세울 수 있도록 도와줍니다.

2) 돈을 통제하는 능력이 향상된다.

현금 생활은 극단적인 절약 방식인 '짠테크', '거지방'과는 성격이 다릅니다. 항상 카드값에 끌려다니던 저였지만 이제는 더 이상 카드값이 두렵지 않아요. (신용카드를 자르기도 했고,) 돈을 통제하는 방법을 현금 생활을 통해 배웠기 때문이에요. 현금 생활로 나만의 소비 기준이 잘 세워지면 현금 흐름까지 통제가 가능해집니다. 월간, 주간 단위로 지출을 예상하고 나의 상황에 맞게 예산을 설정하다 보면, 예산 안에서 돈의 사용처를 통제하고 올바른 선택을 할 확률이 높아집니다. 건강한 소비 생활을 경험하고 나면, 나의 수입과 상관없이 돈을 다루는 능력과 자신감이 자연스럽게 상승한다는 사실을 깨닫게 될 거예요!

3) 푼돈의 가치를 깨닫는다.

그동안 저는 길을 가다 길바닥에 10원짜리 동전이 떨어져 있으면 지나쳤습니다. 물건을 살 때도 봉투값 100원을 더 내고 애써 쓰레기를 샀습니다. 하루 한 끼 배달료에 3,000원을 당연하게 여기며 직접 갈 수 있는 거리도 배달을 이용했습니다. 그런 제가 현금 생활을 하면서 지금까지 아무 생각 없이 대하던 10원, 100원, 3,000원의 소중

함을 깨달았습니다. '티끌 모아 티끌'이 아니라, 티끌이 모여 미래의 자산을 끌어당기는 무게추가 된다는 사실을 배웠어요. 돈이 나가는 흐름이 아닌 들어오는 흐름으로 바뀌는 첫 단추가 그동안 내가 홀대했던 10원 '푼돈'이라는 사실을 말이죠. 현금 생활이 푼돈이 쌓여가는 기쁨을 알려줍니다.

4) 습관부터 마인드, 삶 전체까지 변화된다.

현금으로 생활했을 뿐인데, 저의 일상은 이전과 많이 달라졌어요. 저축액이 기존보다 3배 늘어났다는 사실은 보이는 숫자에 불과합니다. 진짜 변화는 제 삶의 모든 면에서 나타났어요. 먼저 여유가 생겼습니다. 다가올 카드 결제일을 걱정하지 않게 되었고 정말 필요한 물건인지 아닌지 분별하는 자기 기준, 현명함, 판단력이 생겼습니다. 나비효과로 소유물과 공간의 여유까지 생각하다 보니 삶의 모든 영역을 되돌아보게 되더라고요. 소유물의 필요와 가치를 점검하고 필요 없는 것은 정리하고 비우면서 절약이 일상이 되도록 삶의 구조를 바꾸고 있습니다.

실제로 얼마나 아껴졌나요?

현금 생활을 하기 전에는 청약이나 소소한 적금이 전부였고, 이마저도 필요하면 해지해서 사용하는 일이 빈번했습니다. 저축에 특별한 목적이 없었기 때문에 비상금으로만 계속 사용한 거죠. 저축액은 50~70만 원 정도였고 그마저도 어려울 때가 많았습니다. 현금 생활을 하면서는 저축에 이름표를 달아 목적과 역할을 만들어주니 '정한 목적과 역할에 맞지 않으면 절대 꺼내 쓰지 않겠다'는 마음이 자연스럽게 생기더라고요. 투자금(시드 머니), 미래 자금, 예비비, 나눔비, 성장 활동비, 품위 유지비 등 항목을 나눠 저축했고, 각각의 용도에 맞게 정한 금액만을 사용했습니다. 씀씀이를 줄이는 것뿐만 아니라, 목적에 맞게 돈을 사용하다 보니 추가 수입을 만드는 법을 계속 연구하게 되고, 부수입이 매달 조금씩 늘어가는 신기한 경험을 하고 있어요. 저축액도 늘어나 이전 저축액의 3배 정도인 180~250만 원을 저축하고 있답니다.

예산을 넉넉하게 잡는 걸
왜 추천하지 않나요?

소득이 가장 적을 때를 기준으로 예산을 설정하는 게 아끼는 데 도움이 됩니다. 여유가 있다고 생각하는 순간, 알게 모르게 돈을 더 쓰게 되거든요. 그러다 긴급하게 돈을 쓸 일이 생기면 다시 자금난을 겪을 수 있기 때문에, 예산을 넉넉하게 잡는 방향은 추천하지 않아요. 알 수 없는 우리의 미래까지도 항상 염두에 두면 좋겠습니다.

예산을 초과하면
어떻게 하나요?

예비비, 비상금을 항상 예산에 둬야 합니다. 예산을 완벽하게 세워도 사용 금액을 초과하는 경우가 종종 생깁니다. 또 어떤 긴급한 일이 생길지 아무도 모르고요. 월간 예산에 예비비를 따로 두되, 급한 일이 아니면 절대 사용해서는 안 됩니다.

저 같은 경우에 월간 예산과 주간 예산에 각각 예비비 또는 비상금 항목을 두는데, 비상금을 예산으로 두더라도 정말 특별하게 사용해야 하는 경우가 아니면 남겨두고, 사용하지 않았다면 월간 예비비로 이동시킵니다. 예산 초과 시 따로 모아둔 예비비에서 꺼내 쓰고 월간 총 예산에서 벗어나지 않도록 노력합니다.

예비비도 비상금도 없는 최악의 경우에는 이자 없이 돈을 빌릴 수 있는 방법을 찾아봅니다. 가족에게 도움을 요청하고, 가능한 한 (한 끼를 굶어서라도) 빠르게 갚을 수 있도록 합니다. 이런 일이 일어나지 않는 게 가장 베스트겠죠!

기록은
어떻게 하나요?

빠르고 간편하게 할 수 있는 방법이 가장 좋아요. 기록하는 일이 번거롭고 복잡하면 기록하기 어려워지는 상황이 많거든요. 저 같은 경우 영수증을 받을 수 있다면, 주간 영수증만 따로 모아서, 주간 정산 때 참고해 가계부를 작성합니다. 요즘은 탄소 중립 실천 등의 이유로 모바일 영수증이 발급되는 경우도 많으니 참고하세요!

영수증과 별개로 제가 사용하는 방법은, '플리커'라는 메모 앱을 핸드폰 메인 화면에 배치해두고 결제 즉시 앱을 켜서 간단하게 내용과 결제 금액을 기록하는 것입니다. 결제 즉시 기록해야 잊어버리지 않으니, 습관을 들이는 게 중요해요. 저도 처음에는 까먹은 적도 있었지만 지금은 습관이 되어서 바로 기록하고 있어요. 벌써 '귀찮아~'라고 생각했나요? 세상에 귀찮지 않은 일이 어디 있겠어요? 좋은 걸 얻으려면 조금의 귀찮음은 감수해야 합니다. 현금 생활, 정말이지 재밌고 유익해요.

친구들과의 모임에서는 어떻게 계산하나요?

매장의 결제 시스템에 따라 다르겠지만 먼저 총무를 자처해 친구들에게 당일 회비를 걷고 예산을 마련한 다음 결제하는 방식을 추천합니다. 모임의 총무가 따로 있다면 친구에게 양해를 구해 현금을 전달하거나 계좌 이체를 해주세요. 각자 결제해야 하는 상황이라면 현금 결제를 하면 되겠죠?

은행을 자주 가야 하나요? 번거롭지 않나요?

은행은 월 1회 방문하고 급한 입출금이 있을 경우에는 가까운 은행의 자동 인출기(ATM)를 이용합니다. 현재는 은행에 거의 가지 않고 ATM을 이용해 돈을 인출하고 있어요. 요즘은 은행마다 천 원권을 입금할 수 있는 ATM이 있어서 꼭 은행 창구에 가지 않아도 현금을 출금하고 이체할 수 있어요. 다만 개인이 1회 인출할 수 있는 금액에는 제한이 있으니 확인하고 필요한 만큼 미리미리 준비하세요! 저는 주 단위로

ATM을 이용해서 한 번에 많은 금액을 인출하지는 않습니다. 최근 은행에 방문한 이유는 동전을 입금하기 위해서였습니다. 동전도 작은 통에 꽉 채우려면 3개월 정도 걸려요. 그러니 은행에 방문하는 일로 번거로울 일은 크게 없답니다.

돈을 만지면 찝찝한데 어떻게 하나요?

돈은 여러 사람을 거치기 때문에 현금을 사용하다 보면 찝찝함이 있기 마련인데요. 저는 현금을 사용할 때 주변에 화장실이 있다면 바로 손을 씻습니다. 식당에서는 보통 물티슈를 제공하거나 화장실이 있기 때문에 결제 후 손을 깨끗이 씻기를 습관으로 하고 있어요. 저는 현금 생활 이전부터 워낙 손을 자주 씻는 편이라 큰 불편함을 느끼지는 않았어요. 손을 씻을 수 없는 상황에서는 제 가방에 항상 구비되어 있는 손 소독제를 이용합니다. 코로나 이후로 손 소독제가 많이 보편화돼 현금을 사용한 후에 손을 세정하는 일이 크게 어렵지는 않을 거예요. 손 소독제는 겔 타입보다는 물 타입을 더 추천합니다.

동전은 어떻게 하나요?

현금 생활을 할 때 돈의 작은 단위부터 사용할 것을 권장합니다. 동전이 있는데도 계속 지폐만 사용할 경우, 예산을 잡기 어려워질 수 있고, 동전이 너무 많아져 처치가 곤란해질 수 있습니다. 가능하다면 동전을 먼저 사용하세요. 주간 예산을 사용하고 남은 동전은 작은 저금통을 만들어 모아줍니다. 저는 작은 반찬통을 저금통으로 이용하고 있습니다. 3~6개월이면 가득 차서 7,000~10,000원 정도가 모이더라고요. 가득 차면 은행에 가서 계좌에 저축합니다. 원래 내 돈이지만, 보너스 받는 기분이라 동전 모으기도 즐겁더라고요.

연말 정산은
어떻게 하나요?

현금 영수증을 발급해야죠! 작은 돈이라도 꼭 발급해야 합니다. 현금 영수증을 발급하지 않으면 연말 정산 내역에서 누락되고, 매장의 경우에는 매출 누락(세금 신고 누락)이 될 위험이 있습니다.

방법은 다양해요. 첫째, 결제할 때 현금 영수증을 요청한 다음, 본인의 핸드폰 번호를 입력합니다. 둘째, 손택스 앱에서 현금 영수증 카드를 발급 해 사용할 수 있습니다. 셋째, 실물 현금 영수증 카드를 발급합니다. 현금과 함께 제출하면 번호를 입력하지 않고 현금 영수증을 발급할 수 있답니다. 마지막으로, 현금 영수증 카드도 발급이 번거롭다면, 바코드 이미지를 다운로드 해 이용합니다. 다운로드 방법은 인터넷에 검색하면 나오니 꼭 확인하길 바랍니다.

편안한 결제에 너무 익숙해진 요즘, 이런 과정조차 번거로울 수 있지만 불과 몇 년 전까지만 해도 다 이렇게 생활했답니다. 현금 영수증 발급을 위해 실제 걸리는 시간은 몇 초밖에 되지 않으니 마음의 여유를 가지세요! 습관이 되면 번거롭지 않답니다.

매일 정산을 하나요?
정산 주기는 어떻게 되나요?

일주일, 한 달입니다. 저는 매주 일요일 저녁에 사용 내역을 정산하고 돌아오는 한 주에 사용할 예산을 새로 세웁니다. 한 주의 시작을 일요일로 보시는 분들은 토요일 저녁에 정산한 후 주간 예산을 세우시면 됩니다. 매일 정산을 하다 보면 놓치는 날이 많아 금방 포기할 수 있어요. 또 한 달 단위로 하면 정산 내역이 산처럼 쌓여 시간이 오래 걸리고 일처럼 느껴지게 됩니다. 주 단위로 한 주를 마무리하고 점검하고 새로운 계획을 세우는 것을 추천해요.

정산할 때는 1원 단위까지 맞추다 보면 오히려 스트레스를 받을 수 있으니 자신이 가장 즐겁게 할 수 있는 주기와 단위를 찾아 운영하는 것을 추천합니다. 한 주 예산을 적절히 세웠는지, 예산을 잘 사용했는지, 다음 계획은 어떻게 되는지 셀프 피드백을 할 수 있을 정도면 됩니다. 매주 나에게 맞는 방식을 도입하고 수정해나가야 합니다. 처음부터 너무 완벽할 필요 없어요!

속지나 챌린지 보드는 어떻게 만드나요?

있는 재료를 최대한 활용해볼까요? 항목별 속지는 지퍼백이나 편지 봉투, 돈 봉투 등을 활용해도 충분하다고 생각합니다. 나만의 바인더로 시작하고 싶거나, 포켓을 만드는 방법이 궁금한 분들은 아래의 가이드 영상을 참고해주세요! 재미를 더하고 싶은 분들은 간단한 재료로 나만의 속지를 만들어볼 것을 추천합니다. 직접 만든 바인더와 속지 때문에 현금 생활을 유지하는 경우도 꽤 많답니다.

① 속지 만들기 1   ② 속지 만들기 2

큐큐와 현금 생활을 함께하고 싶다면?

① 클래스101에서 큐큐의 '현금 챌린지' 강의 수강하기.

② 큐큐가 직접 운영하는 '현금 챌린지 성공 커뮤니티 오픈 톡방(최대 1,000명 / 코드: qq0330)' 참여하기.

③ '큐큐 스튜디오' 유튜브 영상 참고하기.

현금 생활을
꾸준히 하는 방법은?

원대한 목표나 장기 목표를 세우기보다 짧은 목표를 세우고 연장하는 방식으로 진행해보세요. 1년 동안 해야 한다고 생각하면 벌써 두려움이 생깁니다. 원대한 목표는 상상으로 그려두고, 현실적으로 성취 가능한 단기 목표들을 설정해 달성률을 높이도록 하세요.

또 주변에 현금 생활을 한다고 자신 있게 공개하는 것 역시, 현금 생활을 꾸준히 하는 데 도움이 됩니다. 그리고 현금 생활을 인증할 수 있는 환경을 만드는 것, 오프라인상이든 온라인상이든 현금 생활을 함께할 통료를 찾는 것도 큰 힘이 됩니다. 이 모두를 한 번에 할 수 있는 방법이 있습니다. 바로 '현금 생활 계정'을 운영하는 거예요. 어떻게 하냐고요? 다음 질문에서 답해드릴게요!

'현금 생활 계정'은
어떻게 운영하나요?

'현금 생활 계정'이란 현금 생활을 하는 과정(예산, 저축 등)을 기록하는 온라인 계정을 말합니다. 여기서 자세한 액수나 사생활을 오픈하지는 않아요. 선택 사항입니다. 저도 처음에는 그렇게 시작했어요. 제 주변인들 아무도 모르게 현금 생활 콘텐츠만 공유하는 인스타그램과 유튜브 계정을 만들어 활동했습니다. 지인들은 제가 현금 생활을 하는지는 알았지만, 현금 생활 계정을 운영하는지는 몰랐기 때문에 기록하고 공개하는 일이 마음이 편하더라고요. 인증 주기나 방식, 스타일은 자신에게 맞게 자유로이 운영하면 됩니다. 또 다른 나의 페르소나를 만드는 거죠.

게시물을 올릴 때 '현금 생활' 해시태그를 달아보세요. 관련 콘텐츠와 계정을 많이 참고할 수 있어요. 그중 친구가 되고 싶은 계정이 있다면 팔로우 하고 게시물에 적극적으로 좋아요와 댓글을 남겨 소통하세요. 어떤 커뮤니티보다 소통과 리액션이 활발하답니다.

《큐큐 캐시 다이어리북》을 통해 나누고 싶은 이야기가 있다면?

카드나 휴대폰만 가져다 대면 쉽고 간편하게 결제가 되는 세상이다 보니까 그동안 돈에 너무 무감각한 채로 살았어요. 돈은 그저 늘어났다 줄어드는 숫자로만 인식했죠. 현금을 사용하면서 돈이 어떠한 가치가 있는지, 돈이란 무엇인지 생각하기 시작했습니다. 돈을 지불할 때마다 이 물건이 지금 나에게 꼭 필요한지 스스로에게 질문했어요. 현금 결제의 번거로움과 나의 에너지를 모두 투여할 만큼의 가치가 있는 소비인지 고민한 후에 구매할 수 있도록 제 자신을 훈련시켰습니다.

챌린지를 통해 바인더에 저축하고 싶은 욕구가 날이 갈수록 커지는 것도 저축액 증가에 좋은 동기부여가 됐습니다. 저축 계획을 세우고 목적에 맞게 항목을 만들어 1,000~2,000원 적은 돈도 바인더에 모두 채워 넣었어요. 챌린지 형태의 소액 적금을 찾아 1~2개 가입했고, 바인더의 저축액이 50,000~100,000원이 넘으면 소액이어도 이자를 받을 수 있는 파킹 통장에 저축했습니다.

바인더에 저축을 많이 하고 싶어 여러 방법을 연구했습니다. 수입은 그대로인데 저축량을 늘리고 싶을 때 방법은 2가지였어요. ① 아낀다. ② 부수입을 창출한다. 저의 경우 가장 많이 아껴진 지출 내역은 '쟁여놓기'였어요. 늘 2+1, 대용량 위주로 물건을 구매해 쌓아놨는데, 식자재의 경우에는 유통기한이 있어 그대로 버려질 때가 꽤 많았죠. 현금 생활을 하면서는 대부분 집 근처 마트를 이용했습니다. 아끼려고 한 것은 아닌데, 직접 구매해 들고 와야 하니까 무겁게 2~3개씩 미리 살 이유가 없어졌어요. 덕분에 지금은 필요한 양만, 물건은 1개만 사는 습관이 생겼습니다.

이 외에 알뜰교통카드 이용, 알뜰폰 변경, 중복되는 OTT 취소 등 같은 서비스를 더 저렴하게 이용할 수 있는 대체 항목들을 찾아 고정 지출 비용을 줄여나갔어요. 아예 포기하는 방식이 아닌, 내 욕망에 따라 하고 싶은 것은 하고, 먹고 싶은 것은 먹고, 누릴 것도 충분히 누리면서 비용을 낮추는 방향으로 변화를 줬어요.

부수입에 대해서도 고민하기 시작했습니다. 현재 제 본업 외에 용돈으로 들어오는 수입은 쿠팡 파트너스 중개 수수료, 유튜브 수익, 네이버 스마트 스토어 판매 수익 등 입니다. 제가 가진 콘텐츠를 활용해 하루 1~3시간 투자로 수익을 창출할 수 있는 방법들을 모색해 부수입을 만들고 있습니다. 무엇보다 본업에서 수입을 늘리는 것이 가장 중요하기에 본업 또한 이전보다 더 열심히 해서 매출을 올려가고 있습니다. 아끼고, 저축하고, 불리는, 재테크가 재밌는 일상이 되었습니다.

저의 이야기를 듣고 '현금 생활 한번 해볼까?' 하는 마음이 들었다면, 꼭 현금 생활에 도전해보길 바랍니다. 현금 색활을 통해 제 삶과 재정관이 송두리째 바뀐 것처럼 여러분에게도 긍정적인 결과가 가득하길 신심으로 응원하겠습니다.

큐큐

최수지. 에스지큐 갤러리 대표 겸 디자이너. 유튜브 채널 '큐큐 스튜디오' 운영자. 현금 생활 입문자를 위한 가이드 영상의 인기 급상승으로 다수의 언론 매체에서 인터뷰를 진행했고, 클래스101에서 '저축이 2배가 되는 똑똑한 현금 챌린지' 강의를 론칭했다. 현금 생활에 필요한 굿즈와 성공하는 어른을 위한 우아한 문구를 제작해 네이버 스마트 스토어에서 판매 중이다. 부수입 창출과 퍼스널 브랜딩에도 관심이 많아 이와 관련된 자신의 경험과 고민을 유튜브 영상을 통해 나누며 돈에 대한 다양한 인사이트를 사람들에게 제공하고 있다.

큐큐 캐시 다이어리북

1판 1쇄 인쇄 2024. 4. 5.
1판 1쇄 발행 2024. 4. 12.

지은이 큐큐

발행인 박강휘
편집 박익비 **디자인** 박주희 **마케팅** 박인지 **홍보** 강원모
발행처 김영사
등록 1979년 5월 17일(제406-2003-036호)
주소 경기도 파주시 문발로 197(문발동) 우편번호 10881
전화 마케팅부 031)955-3100, 편집부 031)955-3200 | 팩스 031)955-3111

저작권자 ⓒ 큐큐(최수지), 2024
이 책은 저작권법에 의해 보호를 받는 저작물이므로
저자와 출판사의 허락 없이 내용의 일부를 인용하거나 발췌하는 것을 금합니다.

값은 뒤표지에 있습니다.
ISBN 978-89-349-6506-0 13590

홈페이지 www.gimmyoung.com **블로그** blog.naver.com/gybook
인스타그램 instagram.com/gimmyoung **이메일** bestbook@gimmyoung.com

좋은 독자가 좋은 책을 만듭니다.
김영사는 독자 여러분의 의견에 항상 귀 기울이고 있습니다.